누구나 혼자 서는
순간이 온다

누구나 혼자 서는 순간이 온다

김나이 지음

회사 인간에서
1인 기업으로

살얼음판 같은 회사 생활을
견디고 있는 당신에게

"매일이 살얼음판이야."

얼마 전 임원으로 승진한 지인에게 축하한다는 이야기를 건네자 이런 대답이 돌아왔습니다. 그는 드라마 〈서울 자가에 대기업 다니는 김 부장 이야기〉가 마치 자신의 이야기 같아서 끝까지 다 보지도 못했다고 하더라고요.

드라마 속 김 부장을 떠올려봅니다. 나름대로 치열하게 일해오던 김 부장은 어느 날 갑자기 자기 의사는 하나도 없이 회사의 뜻에 따라 내쳐집니다. 그렇게 세상에 던져진 그는 무슨 일을 해서 자신과 가족을 먹여 살려야 할까 고민합니다.

저도 드라마를 공감하며 봤습니다. 제가 회사에서 나

오게 되었을 때 딱 그런 기분이었거든요. 모든 풍경이 낯설게 느껴졌어요. 주방에 있는 저도, 평일 한낮에 돌아다니는 저도, 더 이상 바쁘게 할 일이 없는 저도, 무엇을 해야 할지 모르겠는 저도 다 낯설었습니다.

그래서 지인의 말이 너무나 이해되었고 한편으로는 안타까웠습니다. 그런 말을 하기엔 그는 '파이팅이 넘치는' 사람이었거든요. 일을 막 시작하던 시기부터 지금까지 자신이 하는 일을 좋아하고 재미있어하는 사람이었어요. 그런 그가 이렇게 말하더군요.

"회사 밖에서 뭘 해야 할지 여전히 잘 모르겠어. 아이도 아직 어리고 버틸 수 있을 때까지 버텨야 하는데 큰일이다. 나 이대로면 올해 잘릴지도 몰라."

이 말을 듣는터 아까워 죽겠더라고요. 하고 싶은 말이 막 차올랐습니다.

"아니, 할 수 있는 게 많은 사람이잖아. 그 조직에서 인정받는 데 목숨 걸기에는 아까운 사람이라고. 그러다 시들기에는 더더욱 아까운 사람이라고! 이렇게 좀 해봐. 할 수 있다고!"

이 책은 바로 이런 마음으로 썼습니다. 그 '이렇게'를 함께 고민하고 싶은 마음으로요.

자의든 타의든 언젠가는 누구나 혼자 서는 순간이 옵니다. 그때 뭘 어떻게 시작해야 할지, 나 스스로를 벌어 먹일 수 있을지 고민하는 분들께 힘을 드리고 싶었습니다. 그 시작에 용기가 되고 싶었습니다.

이렇게 용기를 드리고 싶다고 말하지만, 사실 회사 인간에서 1인 기업으로 자립하는 과정은 쉽지 않습니다. 근사한 울타리 없이 스스로를 먹여 살리는 일은 만만치 않더라고요.

저는 종종 '듣보잡' 취급을 받았습니다. 이렇게 사라지지 않겠다는 오기로 전력 질주를 하다 병이 나기도 했고요. '이렇게 어렵고 힘들 줄 알았으면 어떻게든 참고 버티며 회사에 오래 있는 건데' 같은 후회를 한 적이 없었다면 거짓말입니다.

괜찮은 척, 멋진 척하지 않고 온전히 나답게 일하고 싶었는데 여전히 누군가의 시선에서 자유롭지 못한 저를 볼 때마다 좌절하기도 했습니다. 남들이 나에게 바라는 삶 말고 내가 바라는 삶은 무엇인지 그 답을 찾는 과정은 생각보다 너무 어려웠어요. '10년 후 무슨 일을 하면서 살고 싶은가?' 이런 질문을 이직 면접 때마다 받았는데, 저는 늘 면접관이 듣고 싶어 하는 대답을 했거든요. 제 답은 없었던 거죠.

여러분은 어떠신가요? 회사 인간 이후, 무슨 일을 하며 어떻게 살고 싶은지 여러분만의 답을 갖고 계신가요?

커리어 액셀러레이터 일은 그렇게 시작된 것이기도 합니다. 제 문제를 풀고 싶었어요. 저는 제가 무엇을 좋아하고 싫어하는지, 무엇을 더 잘하고 싶은지, 어떤 일을 하고 어떻게 살고자 하는지 알고 싶었습니다. 저만의 무기가 있다면 그것으로 승부하고 싶다고 생각했습니다. 남들이 하라는 대로 열심히 살아도 뾰족한 수가 없으니, 한 번쯤 내 마음대로 살아보자고도 결심했죠.

그렇게 만든 일이 정말 잘하고 싶은 일이 됐습니다. 그런 저에게 기꺼이 일 고민을 털어놓아 준 여러분들 덕분에 지금까지 올 수 있었습니다.

그래서 저는 여러분이 다 잘되기를 바랍니다. AI가 인간의 일을 대체한다느니 증강한다느니 말이 많은 이 시점에, 이 책을 읽는 분들만큼은 대체되지 않고 AI를 무기 삼아 더 날아다니셨으면 합니다.

그러려면 내가 지금까지 무엇을 쌓아왔는지, 앞으로 어떻게 일하고 싶은지, 내 무기는 무엇인지 알아야 합니다. 나 자신을 정확히 파악하는 일이 선행되어야 하죠.

미디어에서는 그 어느 때보다 지금이 1인 기업으로 일하기 유리해졌다고 합니다. 실제로도 그렇습니다. AI와의 일은 감정 노동을 할 필요도 없고, 생산성은 몇 배로 늘어나더라고요. 하지만 전제 조건이 있습니다. 나만의 단단한 무기가 있어야 합니다. 그 무기를 이 책에 담긴 질문들에 답하며 꼭 찾아보기를 바랍니다.

저의 절박함과 치열함을 기록한 이 책이 어떤 방식으로든 여러분의 다음 시작에 도움이 되었으면 좋겠습니다.

언젠가 혼자 서게 될 그 시간이 두렵지 않기를, 그 생각을 하면 너무 답답해서 어떻게든 회사를 참고 버티려 하지 않기를, '다 모르겠고 돈이 최고'라며 돈만 좇다가 뒤늦게 내 일의 소중함을 깨닫고 허무해지지 않기를, 나만의 무기를 뾰족하게 벼리며 당당한 나, 자신 있는 나를 찾게 되기를 바랍니다.

　내 일과 삶을 주도적으로 설계해 보니 어땠는지, 어떤 시작을 마음먹었는지, 무엇을 실행하고 있는지 만나서 함께 이야기할 수 있는 날을 기다리겠습니다.

　모두 파이팅입니다.

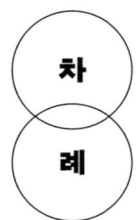

차례

에필로그

부록

'회사 인간'에게는
유효기간이 있다

회사는 내 미래를
책임지지 않는다

"승진해도 잠깐이에요. 기분 좋은 건 며칠뿐이고, 다시 또 다음 단계를 생각해야 하잖아요. 그런데 솔직히 이 피라미드 꼭대기까지 올라가는 게 제 목표인지 모르겠어요."

얼마 전 만난 고객이 한 말이다. 승진도 착실히 했고, 회사에서 인정도 받았다. 그런데 어느 순간부터 이 질문이 머릿속을 떠나지 않는다고 했다.

'여기서 끝까지 올라가는 게 정말 내가 원하는 건가?'

질문에 대한 답은 언제나 같다.

'회사를 평생 다닐 건 아니야.'

그렇다고 당장 나갈 건 아니다. 그렇지만 예전처럼 '여기에서 끝까지'를 생각하지 않는 게 당연해진 사람들이 많아지고 있다.

회사 안에서 미래를 꿈꾸지 않는 사람들

회사에서는 구조조정이 계속되고 있다. 2~3년 전만 해도 쉬쉬하던 일인데, 요즘은 미래를 앞서가는 기업이라면 당연히 구조조정을 한다는 식의 뉴스가 쏟아진다.

'희망퇴직'이라는 말도 이제 낯설지 않다. 경영 위기에만 하던 비상 수단이 어느새 연례 행사가 됐다. '희망'은 허울뿐이고, 실상은 나가야 하는 상황이 만들어진다. 예전에 '신의 직장'이라 불리던 곳들부터 빠르게 무너지고 있다.

통신업계는 최근 5년 사이 직원이 22% 줄었다. 유통과 석유화학도 10%대 감원이 이루어졌다. 2025년 주요 은행의 희망퇴직자는 2300명을 넘겼다. 몇 년 전만 해도 50대 중반 부장급이 대상이었는데, 이제는 만 40세, 심지어 38세부터 희망퇴직 대상이 된다고 한다. 앞으로는 36세까지 내려갈 수 있다는 전망도 나온다.

한편 아예 승진하지 않겠다는 사람도 늘고 있다. '의도적 언보싱conscious unbossing'이라는 말까지 생겼다. 승진을 의도적으로 기피한다는 뜻이다. 100대 기업에 입사해서 임원까지 올라갈 확률이 0.82%라고 한다. 1000명 중 단 8명. 2011년에는 0.95%였으니 바늘구멍이 더 좁아진 셈인데, 아무나 도달하지 못하는 이 꿈의 자리가 최근 들어 기피 대상이 되었다.

"직장에서 리더 역할을 맡지 않는다면?"이라는 질문에 직장인 중 47.2%가 "불안하지 않다"라고 답했다. 어느 공공기관의 초급간부 승진 시험 경쟁률은 0.2대 1이었다고 한다. 자리는 10개인데 지원자가 단 2명뿐이었다는 것이다.

얼마 전 대기업 팀장 교육에서 만난 사람들의 생각도 비슷했다. "팀장을 왜 해야 하는지 모르겠어요. 일만 많고 권한은 없고 야근 수당도 없어요." 권한은 없는데 책임만 늘어나고, 사람 관리하느라 내 일의 전문성도 떨어진다. 야근은 야근대로 해야 한다. 그러느니 '나'를 챙기겠다는 것이다. 조직 내부의 피라미드를 오르는 것보다 내가 뭘 하며 살 것인지가 더 중요해진 시대다.

회사를 언제 나갈지 모르고, 남아서 승진해도 문제라면 우리의 선택지는 자연스럽게 좁혀진다. 좋든 싫든

40대 초반부터 진짜 내 일을 준비해야 하는 시대가 시작된 것이다.

갑자기 회사 밖으로 내던져진다면

나름 열심히 해왔다. 그런데 막상 '회사 밖에서 나는 뭘할 수 있지?' 물어보면 답이 잘 안 나온다. 회사에서 맡은 일은 있다. 직함도 있고, 성과도 냈다. 그런데 그게 오롯이 내 것인지는 모르겠다. 이 회사, 이 팀, 이 시스템이 있어서 가능했던 건 아닐까? 나 혼자 할 수 있는 일이 있을까? 회사 이름을 빼고 나를 소개하라면 뭐라고 해야할까?

AI도 불안을 더한다. 한쪽에서는 AI가 인간의 일자리를 대체할 것이라 하고, 다른 쪽에서는 AI 덕분에 인간의 능력이 오히려 향상될 테니 걱정하지 말라고 한다. 솔직히 양쪽 다 불안하기는 마찬가지다. AI가 나를 대체하는건 그 자체로 두렵다. AI 덕분에 내 능력이 더 향상된다는건, 결국 내가 AI를 잘 활용해야 한다는 뜻이다. 그마저도 경쟁인 것이다.

문제는 이 변화가 개인의 유능함과 상관없이 누구에

게든 불어닥친다는 것이다. 시장이 바뀌고 기술이 변하면 한순간에 어제의 에이스가 오늘의 잉여가 된다. 나만 열심히 한다고 피할 수 있는 일이 아니라는 걸 우리는 이미 본능적으로 알고 있다. 하지만 어떻게 미래를 준비해야 할지 몰라 그저 미루고 만다. 그 '언젠가'가 갑자기 '오늘' 이 될 때까지.

이직? 그것도 결국 다른 '회사'다. 같은 고민을 안고 옮겨가는 것뿐이다.

창업? 도대체 뭘로?

이런 생각을 하다 보면 불안해진다. 그런 상태로 또 출근하고, 일하고, 퇴근하고 고민은 해결되지 않은 채 하루가 지나간다. 내일도 모레도 비슷할 것이다. 이러다 어느 날 갑자기 회사에서 나가라고 하면? 아니, 버티다 지쳐서 스스로 나가게 되면?

그때 나는 괜찮을까?

결국 모두가 같은 고민을 한다

이런 고민을 안고 찾아오는 고객들을 지난 10년간 일대일로 4000명 넘게 만났다.

"번아웃이 왔어요. 회사에 있으면 영혼이 고갈되는 느낌입니다. 하지만 그만두자니 당장 생계가 두려워요. 이 딜레마를 어떻게 해야 할까요?"

"회사에서 하는 일이 나쁘지는 않은데 전문성이 없어요. 언제까지 이 일을 할 수 있을지 모르니 불안해요."

"전 평범한 사람이에요. 회사는 안정적인 곳이고요. 별다른 불만 없이 다니고 있어요. 그런데 해고당했다는 지인이 늘어나니 걱정되기 시작합니다. 회사를 안 다니는 삶은 생각해 본 적 없거든요."

"신입 때는 지금 제 나이쯤 회사를 나와 사업을 하고 있을 줄 알았어요. 그런데 여전히 직장인이네요. 그리고 이제는 회사 밖으로 나가는 게 무서워요. 회사는 저를 끝까지 책임지지 않는다는 걸 진작에 깨달았는데도요."

"회사 밖에서 자기 일 찾고 잘 버는 친구들도 있어요. 부럽죠. 하지만 원래 남다른 구석이 있는 친구들이었어요. 저는 그냥 평범한 사람이고요."

"지금까지는 잘해왔다고 생각하지만 앞으로는 모르겠어요. AI니 뭐니, 변화를 따라가기 벅차요. 치고 올라오는 후배들 보면 이제 비켜줘야 하나 싶다가도, 그럴 수 없는 상황이니 이를 악물고요. 솔직히, 힘들어요."

회사는 다 다르다. 대기업, 외국계, 스타트업. 직무도 다르고 연차도 다르다. 그런데 고민은 비슷하다. 결국 이 일을 계속할 수 있을지, 아니라면 뭘 해야 할지, 언젠가는 회사를 나가야 할 텐데 그때를 어떻게 준비해야 할지 막막하다는 이야기들이다.

듣는 마음도 좋지 않다. 그들이 오랫동안 정답이라 믿고 체득한 '열심'이 보이기 때문이다. 잘하고 싶었던 마음과 일을 향한 헌신이 느껴진다. 그런데 그 헌신이 나를 지켜주지 못한다면?

누구나 혼자 설 준비가 필요하다

세상은 쉽게 말한다. "회사 밖은 정글이니 죽기 살기로 버텨라." 혹은 "요즘 세상에 돈 벌 방법이 얼마나 많은데 당장 퇴사해라." 하지만 내 인생을 모르는 타인의 조언은 공허할 뿐이다. 결국 고민도 나의 몫이고, 선택의 책임도 내가 져야 한다.

그래서 나는 이 선택을 '자립'이라 부르고 싶다. 자립은 당장 짐을 싸서 사무실에서 나가는 호기가 아니라,

어디에 있든 내 일과 삶의 주도권을 쥐는 힘이다. 회사라는 온실 안에서부터 나만의 '야생 근육'을 키우는 것이 가장 영리한 자립의 시작이다. 이 준비의 끝에 회사에 남는다는 결정을 해도 좋다. 스스로 설 수 있는 사람은 어떤 결론 앞에서도 당당할 수 있으며, 그 실력은 가장 단단한 '믿는 구석'이 되어주기 때문이다.

10년 전, 나 역시 이 과정을 고통스럽게 지나왔다. 나는 외국계 금융사의 화려한 타이틀이 곧 나라고 믿었고, 그 타이틀이 사라지면 내 존재 자체가 지워질 듯한 공포를 느꼈다. 일대일로 마주한 수천 명의 고민 앞에 내가 선뜻 퇴사나 창업이라는 명쾌한 답을 내놓을 수 없었던 이유도 여기에 있다. 나도 그 막막함의 한복판에 서 본 적이 있기 때문이다.

먼저 회사 밖으로 나온 사람으로서 솔직히 말하고 싶다. 독립은 생각보다 더 고단했다. '하면 된다'는 식의 무책임한 희망을 전하고 싶지도 않다. 어지러울 정도로 빠르게 변하는 세상 속에서 앞으로 양극화는 더 심해질 것이고, 인간의 일이 어떤 가치를 지니게 될지에 대한 고민은 나에게도 현재진행형이다.

그럼에도 내가 이 글을 쓰는 이유는 분명하다. 크고 작은 세미나에서 수십만 직장인의 일 고민을 귀 기울여 듣다 보니 알게 된 게 있다. 누구나 자신만의 필살기가 있다는 것. 다만 그게 무엇인지 스스로도 모르거나 제련할 시간이 없었을 뿐이다.

회사 안도, 회사 밖도 힘들기는 마찬가지다. 그리고 언젠가는 회사 밖으로 나와야 한다. 그렇다면 지금부터 회사라는 울타리 없이 서는 연습을 해야 한다고 말하고 싶다. 처음부터 완벽하게 준비된 사람은 없다. 나도 그랬고, 내가 만난 사람들도 그랬다. 일단 시작하고, 부딪치면서 만들어갔다. 그렇게 애쓰다 보면 분명 뭐라도 된다. 나는 그렇게 믿는다.

지금 당장은 와닿지 않을 수 있다. 나도 그랬다. 자립의 필요성을 뼈아프게 깨달은 결정적인 사건이 일어나기 전까지는.

나는 무엇을 위해
일하고 있는가

그날따라 왠지 출근길이 싸했다.

"너 어디야? 왜 회사 메신저에 없어?"

"벌써 들었냐? 나 한국으로 들어가래."

일 잘하던 동료가 그날 오후에 갑자기 잘렸다.

그는 내가 본 중 가장 날카로운 눈매를 가진 사람이었고 일을 잘했으며 돈도 잘 벌었다. 우리는 돈으로 승부를 보아야 하는 시장에 뛰어든 16개의 경쟁사를 종일 모니터링했는데, 우리 데스크는 대체로 매일 매출 1위였고 그 덕분이라고 생각했다. 이 일이 있기 바로 몇 개월 전 홍콩 데스크로 가게 된 그를 축하했고 나는 종종 그가 부러웠다. 그런데 그가 잘렸다.

구조조정은 저성과자들에게나 일어나는 일이라고 생각했다. 개인의 역량과 스킬이 부족한 사람들. 회사의 목표에 기여하지 못하거나 정치적으로 밀려난 사람들. 그런 이들에게 일어나는, 남의 이야기.

그런데 아니었다. 개인의 역량에 상관없이, 일하는 태도와 성과의 유무에도 상관없이 시장이 안 좋고 예년처럼 돈을 벌지 못하면 누구에게나 일어날 수 있는 일이었다. 나에게 주도권이 없는 일. 조직의 결정으로 내 미래가 결정되는 일.

그 시기, 전에 없던 금융 시장 규제로 이익이 급감해 부서가 통째로 날아갔다는 이야기가 업계 곳곳에서 들려왔다. 누구는 받아들일 수 없다고 회사를 상대로 소송한다더라, 몇 개월 치 월급을 위로금으로 줬다더라…. 우리에게도 그런 일이 언제든 일어날 수 있다는 건 예상했다. 자리를 지켜보려고 안간힘을 쓰고 있었지만 역부족이라는 것도 느꼈다. 국내 시장에서 줄어든 매출을 다른 나라 어디에서 커버할 수 있을까 고심했고, 어떻게든 돈 벌 궁리를 하며 이 위기를 타개할 보고서를 썼다.

'일은 적게 하고 돈은 많이 받고 싶다.' 당시 나는 평범한 직장인이라면 누구나 바라듯 일은 적게 하고 돈은 많이 받는 상황이 되었는데, 그 상황이 사람을 불편하게 한다는 걸 그때 처음 알았다. 나는 파생 금융 상품을 세일 즈하고 트레이딩하는 일을 했는데, 규제 직격타로 시장이 쪼그라들어 예전의 5분의 1 수준으로 일이 줄어들었다. 점심은 늘 주가 차트를 지켜보며 5분 혹은 10분 만에 데 스크에서 해치우고 화장실도 뛰어갔다 와야 할 정도로 틈 이 없었는데, 이제는 눈치가 보여 밖에 못 나갈 뿐 사무실 에 앉아 있는 나의 시간은 남아돌았다.

누군가는 그런 나를 부러워했다. 그간 바쁘게 일했으 니 이 시간을 즐기라 말하는 사람도, 월급 받으면서 영어 공부를 한다고 생각하라는 사람도 있었다. 이런 조언은 아무런 도움이 되지 않았다. 잉여 인간이 된 기분. 책상에 앉아 시간을 죽이는 날들이 일하는 나의 자존감을 바닥으 로 내리꽂았다.

하루 종일 눈치를 보느라, 무슨 일이 어디에서 일어 날까 레이더를 세우고 있느라 너무 피곤했다. 일이 많을 때도 이렇게 피곤하지는 않았다. 지금 돌이켜보면 그럴 시간에 나를 더 챙겼으면 좋았을 것 같다. 오히려 회사에서 내 것으로 만들 만한 일을 머릿속에 싹 다 넣고 나갈 준비를 했으면 좋았을 것이다. 하지만 당시 나는 스트레스에 짓눌린 나머지 회사 밖은 생각하지도 못했다.

나와 그 동료는 데스크에 나란히 앉아 신세 한탄을 했다. "이럴 줄 알았으면 기술을 배웠어야 하는데. 아무것도 할 줄 모르는 회사원이라 큰일이야." 억울했다. 우리가 잘못한 게 있나? 열심히 일했을 뿐이다. 몇 년간 성과도 좋았다. 그랬는데도 통제할 수 없는 변수 때문에 파리 목숨이 되어버렸다.

무엇을 위해 일하고 있는가

'이제 곧 내 차례일 텐데, 회사 나가면 뭐 하고 살지?'

막막하고 불안했다. 사실 나는 갑작스러운 변화가 일어나기 1년여 전부터 '커리어 사춘기'에 시달리고 있었다. 동트기 전 이른 아침, 잠든 아이에게 "엄마는 회사 다녀올게. 유치원 잘 다녀오고 행복한 하루 보내" 속삭이고 출근하는 그 길에 매일 '나는 언제까지 이 생활을 반복해야 할까' '여기서 나는 어디까지 올라갈 수 있을까' '그게 내가 원하는 삶일까'를 질문했다. 예전에는 한 번도 생각해 본

적 없는 질문들이었다.

요즘 강연에서 "회사는 내가 가는 장기적 방향성에 과정이 되어야 한다. 어떤 회사에 다닌다는 타이틀 자체가 목적이 되어서는 안 된다"라고 자주 말하는데, 이때의 경험 때문이다. 타이틀이 목적이었던 나는 그 타이틀을 얻자마자 방향을 잃고 흔들렸다. 어느덧 '회사를 다닌다는 것'에 대한 회의감이 차곡차곡 쌓이고 있었다.

"당신 때문에 전세금 다 날렸다고!"

마지막 회사의 내 업무 중에는 고객 전화를 직접 받는 일이 있었다. 파생 상품은 고객센터에서 다루기엔 복잡해서 본사에서 직접 응대했는데, 그 담당자가 바로 나였다. 일반적인 문의 전화보다 삽시간에 돈을 잃고 원망하는 말을 쏟아내는 전화가 많았다. 나중에는 나를 죽이겠다는 말이 전혀 무섭지 않을 정도였다. 그럼에도 불구하고 전세금을 날렸다고 이성을 잃고 울부짖던 아기 엄마의 전화는 아직도 기억에 남는다. 이런 전화를 매일 받다 보니 이런 생각이 들었다.

도대체 내가 하는 일은 누구를 위한 일인가?

나를 위한 일? 그러면 나는 이 일을 하며 행복한가.

내 열심과 실력은 제대로 평가받고 있는가.

가족을 위한 일? 가족과 보낼 수 있는 시간을 월급과 맞바꾼 것은 아닌가.

고객을 위한 일? 매일 저렇게 욕을 해대는데 그들을 위한 것인지도 잘 모르겠다.

회사를 위한 일? 그것도 잘 모르겠다. 최전방 수익 부서가 예전만큼 매출을 못 내고 있다면 눈엣가시겠지.

그래도 별수 없다고 생각했다. 회사원이 회사를 다니는 것 말고는. 세상에 공짜가 어디 있어? 높은 연봉에는 이런 값도 다 포함되어 있겠지.

버티는 일에도 유효기간이 있다

버틸 때까지 버텨야 한다고 생각했다. 그때까지 내가 무슨 일을 좋아하고 잘하는지, 어디로 가고 싶은지 깊게 생각해 보지 않았기 때문이다. 회사 이후의 나에 대해서 나는 아무것도 아는 게 없었다.

아니, 그냥 나에 대해서 잘 몰랐던 것인지도 모른다. 내가 아는 건 성취욕이 높다는 것 정도였다. 그 성취욕도 내가 스스로 설계한 것이 아닌 정해진 틀 안에서 남보다 뛰어나겠다는 굳은 결의였다. 더 열심히, 더 효율적으로 일하며 더 빨리 승진하고 더 좋은 회사를 다니며 더 많은 돈을 벌고 싶었다. 잘 닦인 길을 전력으로 질주하며 나는 더 '멋있어 보이는' 것에 매달렸다.

마지막으로 나에게 멋진 타이틀이 되어준 회사는 광화문에 있었다. 회사는 증권사가 많은 여의도로 미팅을 가는 직원들을 가장 비싼 세단에 태웠다. 차를 타고 내릴 때 누군가가 차 문을 열고 닫아주는 기분은 꽤 괜찮았다. 해외 출장은 비즈니스 클래스를 타고 갔고, 그 도시의 가장 비싼 호텔에서 숙박했다. 명함의 재질도, 컵도, 다이어리도 뭐 하나 모양 빠지는 게 없었다. 그게 이 회사의 복지였다. 내 것이 아니라 회사 것임을 잘 알면서도 놓을 수 없었다.

방향도 목표도 잃었지만 당장 손에 쥔 건 놓지 못하는 어정쩡한 상태. 형형색색의 옷을 좋아하던 나는 매일 검은색 옷만 입고 좀비처럼 회사를 돌아다녔다. 보는 사람마다 내게 무슨 일이 있냐고 물을 정도였다.

시장은 더 안 좋아졌다. 내가 일하던 팀을 넘어 우리를 지원하는 백오피스 팀까지 위태로워졌다. 우리는 왜 회사에 남아야 하는가? 이 질문에 대한 답을 찾아야 하는 상황에 엉뚱하게도 나는 다른 질문과 씨름했다.

어떻게 살고 싶은가? 무슨 일을 하고 싶은가? 왜 일하는가?

나의 질문은 다음과 같이 구체적으로 이어졌다.

1. 같은 업계의 다른 회사로 이직하면 달라질까?
2. 나는 조직 피라미드의 정점에 올라가고 싶은가?
3. 2번 질문에 대한 답이 '그렇다'라면 이유는 무엇인가? 나는 조직에서 무슨 일을 하고 싶은가?
4. 이를 위해 내가 해야 하는 노력과 바라야 하는 운은 무엇인가?
5. 나는 그렇게 할 수 있을까?
6. 1~5번 질문의 답이 '아니오' 혹은 부정적이라면, 이런 상태로 나는 앞으로 얼마나 버틸 수 있을까?
7. 버틴다면 이유는 무엇인가? 돈 말고 다른 이유가 있는가?
8. 그렇다면 나는 지금 무엇을 해야 할까?

결정타는 2번, 3번, 6번 질문의 답이었다.

2번, 세모. 잘 모르겠다. 경주마처럼 앞을 보며 달렸을 뿐, 내가 원하는 나는 어떤 모습이며 어떤 일을 하고 싶은지 답을 찾기 어려웠다. 이 피라미드 꼭대기에 선 내 모습도 잘 상상되지 않았다.

3번. 계속 일해온 증권사 말고 다른 회사에서 일하는 나를 상상하기 어려웠지만, 적어도 이 안에서는 할 수 있는 일을 악착같이 끝까지 해봤다고 자부할 수 있었다. 그렇기에 이 업계에서 미련이 남거나 궁금한 일, 하고 싶은 일이 잘 떠오르지 않았다.

6번. 그럼에도 자본시장의 회사원으로 계속 일한다면 짧게는 1년, 길게는 3년 정도 버틸 수 있을 것 같았다. 버티는 기간이 길어질수록 내가 일하는 이유는 오로지 돈, 월급일 것이었다. 가진 것을 놓고 싶지 않은 마음에 내 색깔을 잃고 있다는 것을 알면서도 악착같이 버티려는 내 모습이 그려졌다. 지금 하는 일의 속성 중 좋아하는 게 하나라도 있어야 버틸 텐데, 그것조차 찾기 어려워진 시점이었다. 심지어 버티는 데도 운이 필요했다. 누구도 미사일을 쏘지 않고, 미국도 북한도 조용하고, 규제도 없는 운.

그래야 주식 시장이 큰 진동 없이 돌아가고 내 월급이 안정적으로 나오고 인센티브도 받아갈 수 있을 테니.

다른 회사를 다닌다고 해서 이 질문들에 대한 답이 크게 달라질까? 아니라고 생각했다. 그러니까 회사는 문제가 아니었다. 내가 문제였다.

회사 인간의 끝은 누가 정하는가

솔직히 고백하자면, 이 답을 찾기까지 1년이 넘게 걸렸다. 답을 찾고도 바로 나오지 못했다. 회사라는 울타리 밖의 나는 상상이 안 됐다. 내 인간관계와 어쭙잖은 지식과 경험은 다 그 안에 있었다. 월급도 무시할 수 없었다. 통장을 스칠 뿐 내 손에 잡히지 않는 게임 머니 같다고 생각하면서도, 미래를 생각하면 돈 들어갈 일은 줄지 않을 것 같았다. 무엇보다 회사와 집을 반복하며 출구 전략을 구체적으로 생각해 보지 않은 것이 내 발목을 잡았다.

"남들도 다 그렇게 살아."

나의 고민을 토로하면 누군가는 이렇게 말했다. 위로인 걸 알면서도 묘한 반감이 들었다. 남들이 다 그렇게 살면 나도 그래야 하나. 남들 사는 대로 살아도 충족되지 않는다면, 한 번쯤 내 마음대로 살아봐야 하는 것 아닌가.

그렇게 갈팡질팡하는 사이 시장은 더 악화됐다. 그토록 버티려던 자리는 결국 지켜지지 않았다. 회사를 나와야 했다. 묘한 감정이 들었다. 1년 넘게 고민했지만 스스로 내리지 못했던 결정을 상황이 대신 내려준 건 아닐까.

남편에게 이야기했다. 어차피 회사는 비슷비슷할 것 같다고. 속이 하나도 채워져 있지 않은 빈껍데기 같은 상태로 계속 일하면 정말 돈 말고는 이유가 없다고. 그는 말했다. "어차피 회사 인간의 유효기간은 정해져 있으니, 그렇게 마음이 괴로우면 당신이 행복한 선택을 해. 돈도 중요하지만 돈이 사람을 어떻게 불행하게 만드는지도 알잖아. 당신은 사막에 던져놓아도 살아남을 사람 아니냐." 나를 믿어서 한 말인지, 내가 무슨 일이라도 할 사람이라는 걸 알아서 한 말인지는 모르겠다. 어쨌든 나를 가장 가까이에서 오래 본 사람이 한 말이었다.

1년간 찾은 답이 거기 있었다. 나의 모든 치열함을 쏟아부었는데 결국 이런 결말이라면, 이제는 완전히 다른 일을 하고 싶었다. 늘 계획적이었는데, 아무 계획이 없기는 그때가 처음이었다. 그렇게 회사 인간 챕터가 끝났다.

온전히 '나'로 존재할 수 있는
일을 찾아서

덜컥 회사 밖으로 내던져졌다. 이렇다 할 대책은 당연히 없었다. "김나이 씨는 10년 뒤에 뭘 하고 싶나요?" 면접 때마다 받는 질문에 제대로 된 답을 생각했더라면 좋았을 텐데, 늘 그럴듯한 면접용 답변만 준비했던 것이 그제서야 아쉬웠다.

그동안 뼈가 빠지게 일했으니 복잡한 생각 없이 당분간은 쉬기로 했다. 대학교 때부터 퇴사한 날까지 나는 단한 번도 쉰 적이 없었다. 지쳐 있었고, 휴식이 필요했다. 회사 다니면서 종종 백화점에서 미팅할 일이 있었는데, 그때마다 놀랐던 기억이 있다. '아니, 이 시간에 어떻게 이렇게 사람이 많지? 다들 일 안 하나?' 나도 평일 낮에 백화점을 누비다가 한가롭게 카페에 앉아 있고 싶었다. 그런데 웬걸, 이런 날이 하루이틀 늘어나면 익숙해질 줄 알았는데 계속 낯설었다. 그리고 무엇보다 재미가 없었다.

일하기 싫다고 생각했는데 일을 하지 않는 일상이 재미없다니, 당황스러웠다. 일이 사라지니 오히려 '생산성'이라는 단어가 머릿속을 떠나지 않았다. 남아도는 시간을 어떻게 보내야 하나. 갈피를 잡을 수 없었고, 내가 의미 없는 사람처럼 느껴지기도 했다.

회사 다닐 때 좀 더 현명하게 다음을 준비했으면 좋았을 텐데. 그랬다면 이렇게 떠다니고 있지는 않을 텐데. 나는 왜 그렇게 오랫동안 회사를 다닌 거지? 나, 이제 뭐 해야 하지?

회사 밖에서 과거의 나를 마주하다

뭔가 하기는 해야겠는데, 뭘 해야 할지 막막했다. 망망대해에 뚝 떨어진 기분이었다. 내 인생의 키를 내가 온전히 쥐게 되었는데, 동서남북이 어디인지도 모르겠는 기분. 방향을 완전히 잃은 느낌 앞에서 깨달았다. '아, 나는 내 인생의 좌표를 직접 찍어본 적이 없구나.'

그러니까 직장인의 목표는 회사가 알려준다. 내가 생각할 틈도 없다. 보통 '작년 대비 N% 매출 성장'처럼 과거보다 조금 더 나아지는 것에 중점을 둔다. 내게 새로운 시도를 하라는 목표를 주더라도 그것이 정말로 세상에 없었던 완전히 새로운 일은 아니다. 그 목표를 달성하려면 무엇을 해야 하는지도 대충 알 수 있다.

직장인으로서는 나만의 관점이나 취향은 솔직히 크게 중요하지 않았다. 굳이 필요한 역량이 있다면 '눈치'다. 이 판에서 누가 제일 힘이 센가? 그는 무엇을 하고 싶어 하는가? 내가 무엇을 해야 유리할까? 눈치 있게 척척 해내면 남보다 더 빨리 목표에 도달하고 인정받는다.

경쟁사에서 나와 같은 포지션에 있는 사람들은 지금 뭘 하고 있나. 그렇다면 나는 저걸 저 사람보다 좀 더 많이 하거나 약간 잘하면 되겠네. 나라는 사람의 차별화 포인트도 그 정도였다. 이 정도만 해도 회사 인간으로서는 그럭저럭 괜찮았으니까.

꾸준히, 묵묵히, 성실하게. 직장인 시절의 나는 이렇게 일하는 사람들이 미련하다고 생각했다. 그렇게 일해봐야 아무도 알아주지 않고, 포장 잘하는 사람에게 공이 돌

1장 · 불안의 시대

아갈 텐데 그러면 무슨 소용이냐며 약게 굴었다. 눈치가 빠삭한 덕에 '나'는 없었고 겉으로는 그럴듯해 보였지만 결국 속 빈 강정이었다.

지금까지 주도적으로 일을 해왔다는 생각도 깨졌다. 회사가 채용한 똑똑한 동료들과 이미 갖춰진 시스템, 인프라를 활용해 프로세스를 잘 따랐을 뿐이었다. 아주 약간의 '다름'을 만든 것이지 '제로 투 원'은 아니었다. 그때 '회사 빽'으로 내 프로젝트를 한다고 생각했으면 회사 밖에서 해볼 만한 것들도 떠올랐을 텐데. 이 생각을 했을 때는 이미 '빽'이 사라진 뒤였다.

아무도 나에게 어디로 가라고 말해주지 않는다. 내가 모두 정해야 한다. 내 목적지도, 방향도, 속도도, 그 길의 중간 목표들도, 지금 당장 할 일도 하나부터 열까지 모두 다.

그때 혼자 여행을 떠나기로 했다. 오롯이 나에게 집중할 시간이 필요했다.

나를 정의하는 것, 호불호와 호기심

뉴욕으로 향하는 비행기 티켓을 끊었다. 2주간의 일정이었다. 아이와 충분한 시간을 함께 보내지 못해서 미안함이 남아 있었지만, 그래도 나를 찾고 싶은 마음이 더 컸다. 굳이 뉴욕이었던 이유는 그 먼 곳을 나중에 혼자 찾을 핑계가 없을 것 같았기 때문이다.

처음 가본 뉴욕은 너무 바쁜 도시여서 내 기대만큼 생각할 여유가 많지는 않았다. 다만 그 여행에서 나는 내가 싫어하는 것들을 선명히 알게 됐다. 지금의 나는 호불호가 강하고 내 색깔이 분명한 사람이다. '좋은 게 좋은 거지' 하며 넘어가기보다는 "저는 이게 좋아요"라고 분명히 말하는 사람이다. 하지만 회사를 다니던 시절의 나는 기호나 취향, 관점이 뚜렷하지 않았다. 나는 그런 내가 아쉬웠다. 그런데 복잡한 도시 뉴욕에서 나에게 처음 여유로운 시간이 주어졌을 때, 내가 싫어하는 건 확실히 알게 되었다.

어느 날 버스를 타고 돌아다니는데 저 멀리 내가 한국에서 다녔던 회사의 간판이 보였다. 그 옆은 경쟁사의 간판이었다. 보자마자 눈을 질끈 감았다. 더는 보고 싶지 않아서. 증권거래소 앞에서 관광객들이 사진을 찍고 있는 풍경도 의아했다. 이 공포와 탐욕의 현장을 왜 기록으로 남기는 걸까? 그때 약간 남아 있었을지도 모르는 미련이 달아났다. 돈으로 시작해 돈으로 끝나는, 돈으로 점철된 일상이 싫다는 생각을 했다.

"지금까지 해온 너의 열심을 믿어봐. 너, 뭘 해도 잘할 수 있을 거야."

그리고 2주간 집을 내어준 친구가 이런 말을 해주었다. 그 응원 덕분에 어렴풋이, 나도 누군가의 시작을 진심을 다해 응원하는 사람이 되고 싶다고 생각했던 것 같다.

서울로 돌아와서는 매일 도서관으로 출근했다. 회사와 집만 오가느라 모르는 세계가 너무 많았다. 싫어하는 건 선명해졌는데, 좋아하는 건 여전히 오리무중이었다. 인풋이 있어야 아웃풋이 있을 테니, 일단 새로운 인풋을 폭발적으로 늘리기로 했다. 제목, 표지 디자인, 저자, 목차를 보고 마음에 드는 책을 골라 읽기 시작했다.

읽은 책들을 쌓아놓고 보니 주로 심리, 교육, 창업, 조직의 성장과 관련된 내용이 많았다. 이렇게 내가 무엇을 보고 듣고 읽고 경험하는지, 내 시간을 어떻게 보내는지 관찰하면 내가 보인다. 내게 물었다. '이런 책을 이렇게 많이 읽은 이유가 뭐야?'

그저 내 마음을 알고 싶었다는 답이 나왔다. 멀쩡한 대학을 나와 멀쩡한 회사를 다니고도 내가 뭘 잘하고 좋아하는지도 모르는 이 '문제'를 해결하고 싶었다. 나는 왜 그렇게 인정받고 싶었고, 나를 증명하고 싶어 했으며, 타인의 시선을 의식했는지 알고 싶었다.

'내 일'을 하고 싶다는 갈증

강연도 많이 들었다. 여기저기 다니며 사람도 만나고 유튜브, 드라마, 연극, 영화 등 온갖 콘텐츠를 잡식하며 힌트를 얻으려 했다. 왠지 모르게 그때의 나는 이런저런 도전과 실험 끝에 결국 자신만의 길을 개척한 사람이나 조직의 이야기가 궁금했다. 그들은 어떻게 시작해 어떤 과정을 거쳤는지 알고 싶었다.

뉴스나 인터뷰 기사도 의식적으로 찾아서 봤다. 인상 깊게 읽은 책의 저자나 인터뷰 주인공들은 SNS에서 다시 찾아보고 메일을 보냈다. 시간을 내어달라고. 나랑 비슷한 또래 혹은 나보다 어린 이들이 어떻게 자기 길을 찾았는지 물어보기 위해서였다. 내가 무엇을 고민하고 있는지, 상대방에게 나는 어떤 도움이 될 수 있는지 간절함을

1장 · 불안의 시대

담아 머리를 짜내어 보낸 장문의 이메일에 지금 생각하면 너무나 감사하게도 99% 답장이 왔고, 덕분에 다양한 사람을 만날 수 있었다. 자기 일을 좋아하고, 확실한 일의 철학이 있는 이들과의 대화는 무척이나 즐거웠다.

나도 그들처럼 살고 싶었다. 간절히 내 일을 찾고 싶었다.

그때 처음으로 '일'과 진지하게 마주했다. 일을 통한 소득의 경로를 근로소득과 자본소득으로 나누어서 생각한다면, 근로소득은 '월급'이라는 표면적 가치를 넘어 사회와 나의 관계를 맺어주는 매개체다. 일을 그만뒀는데도 자유와 평화는커녕 '노잼 시기'만 찾아온 건 이런 이유 때문이었다. 사회와의 관계가 단절되었기 때문에.

일은 내가 모르던 사람을 만나고, 함께 목표를 향해 나아가고, 나와 결이 맞는 사람을 파악하고, 그 과정에서 희로애락을 느끼게 해주었다. 다른 사람에게 영향을 미치고 기여할 수 있게 만들었다.

많은 이가 꿈꾸는 경제적 자유, 즉 자본소득만으로 여유롭게 사는 삶도 물론 여러 사람과 관계를 맺고 사회에 나름의 기여를 하겠지만 생각보다 고독하고 스트레스를 심하게 받을 수 있다. 나는 그걸 자본시장에서 일하며 일찍이 깨달았다. 돈으로 묶인 관계에서 '진실'과 '진정성'을 찾기는 매우 어렵다. 자본소득 자체가 변동성이 크기에, 그 스트레스를 견디지 못하고 스스로 생을 버린 투자의 거장도 적지 않다. 돈을 향한 탐욕과 공포는 종종 사람을 미치게 만든다.

어쨌든 근로소득은 현금흐름의 변동성을 크게 줄여 안정적으로 관리할 수 있게 한다는 장점도 있다. 결론은 근로소득과 자본소득의 밸런스를 맞춰야 한다는 것이다.

이런저런 생각을 하고 보니 과제가 생겼다.

그렇다면 근로소득을 어떻게 다시 확보할 것인가?

남이 주는 근로소득에는 유효기간이 있으니, 내가 나에게 근로소득을 준다면?

무엇을 해야 할지는 여전히 확실하지 않았지만, 그때 마음은 확고해졌다. 이제는 '내 일'을 해서 나를 먹여 살리겠다고.

지금까지 남이 시키는 일, 남들이 멋지다고 생각하는 일을 열심히 했으니 앞으로는 내가 좋아하고 잘하는 일을 하며 돈도 벌겠다고. 그때까지 나는 대체로 현실에 순응

하는 편이었고, 일을 온전히 즐기지 못했다. 하지만 한 번 사는 인생, 자의든 타의든 기왕 회사까지 나온 마당에 재미있게 일해보고 싶었다. 상황에 끌려다니지 않고, 내 일의 주도권과 자율성을 확보하면서.

그동안 나만의 원칙과 기준 없이 '돈'을 최우선 가치로 두고 일해왔다면, 내가 하는 일의 의미나 재미, 쓸모와 기여를 더 많이 고민하며 일하고 싶었다. 나는 내 일이 누군가에게 아주 작게라도 도움이 되기를 바랐다.

'너는 뭐라도 할 수 있을 거야. 굶어 죽을 팔자는 아니잖아.'

그동안 열심히 해온 내게 한번 믿어보겠다는 다짐을 건네면서, 어디에도 속하지 않고 온전히 '나'로서 일하는 삶을 향한 항해가 시작되었다.

2장
독립의 조건

무슨 일을
어떻게 시작할 것인가

내 쓸모를 알리는
일

내 일을 해보겠다고, 남에게 받는 월급이 아니라 내가 번 돈으로 나를 먹여 살리겠다고, '나'로서 일하며 시간과 공간의 자유를 만끽하겠다고 결심은 했지만, 무슨 일을 할 것이냐는 질문의 답은 한 번에 찾아지지 않았다. 나를 벌어 먹이려면 '제품' 즉 '나만의 무기'가 있어야 할 텐데, 도대체 무엇이 내 제품이 될 수 있을까?

성공한 사람보다 나를 먼저 인터뷰할 것

나는 내 제품을 찾기 위해 다양한 사람을 만나기 시작했다. 강연이나 세미나에도 참석하고, 유튜브도 쉴 새 없이 봤다. 그러던 어느 날, 갑자기 머릿속을 스치는 생각이 있

2장 · 독립의 조건

었다.

'이건 결국 다 남의 이야기잖아. 내 이야기는 뭐지?'

세상이 어떻게 돌아가는지 파악한답시고 최근 트렌드나 남들이 하는 일을 기웃대다가 정작 중요한 '나'를 잊고 있었던 것이다. 다시 나로 돌아와서, 내가 일은 남부럽지 않게 열심히 했으니 그 경험에서 시작해 보기로 했다. 좋아서 한 일이든 그저 해야 했던 일이든 내가 경험한 일에서 먼저 힌트를 찾아야 하지 않을까 싶었다. 이전과 전혀 다른 일을 하게 되더라도 그 일의 씨앗은 내가 해온 일에 있으리라고 생각했다.

그래서 다음 3가지 질문에 팩트로 답하며 각각의 경험에서 나만의 가치를 찾아보았다.

1. 지금까지 한 일 중 누가 시킨 적도 없는데 그저 좋아서 열과 성을 다했던 일은 무엇이었나? 유독 재미있었던 순간은? 그때 나는 왜 그랬을까?

2. 사람들이 나에게 조언이나 도움을 요청하며 가장 자주 하는 질문은 무엇이지? 나는 그때 어떤 '쓸모'를 제공했나?

3. 나는 쉽게 할 수 있는 일인데 다른 사람들은 어려워하
거나 신기하게 생각했던 일은 무엇이었나?

첫째, 내가 그저 좋아서 열과 성을 다해 한 일은 무엇
이고, 나는 왜 열심히 했을까?

일단 팩트부터, 직장인 시절 나는 금융 상품 세미나
를 경쟁사보다 두세 배 많이 했다. 방송에 나가서 떠들고,
파생 상품 책을 쓰기도 했다. 왜 그랬을까? 당시에는 경
쟁에서 이기거나 돈을 많이 벌고 싶기 때문이라고 생각했
다. 하지만 다시 생각해 보니 그게 전부는 아니었다. 나는
누군가에게 내 지식이나 경험을 알려주고 그가 변화하는
모습을 볼 때 기쁨을 느끼는 사람이었다. 알려주기 위해
계속 배우고, 쉽게 전달하려고 노력하는 과정을 즐거워
했다.

그렇다면 여기에서 발견할 수 있는 내 가치는 무엇일
까? 지식과 경험을 전달하는 일을 잘할 수 있지 않을까?
교육 프로그램이나 책 출간, 변화 관리 코칭 같은 일은 어
떨까?

둘째, 사람들이 나에게 조언이나 도움을 요청하며 가

장 자주 하는 질문은 무엇이고, 나는 그때 어떤 '쓸모'를 제공했나?

팩트 하나, 나는 이직 경험이 많다. 세 번의 이직을 했고, 연봉을 세 배로 올린 적도 있었다. 자연스럽게 주변에서 노하우를 묻는 경우가 많았다. 그때마다 나는 이력서나 포트폴리오를 구성하는 방법은 무엇인지, 연봉 협상에 어떻게 임해야 하는지, 원하는 회사에 가기 위한 현실적인 전략은 무엇인지 등을 조언해 주곤 했다.

팩트 둘, 나는 사람들 눈에 좋아 보이는 회사를 다녔다. 하지만 그곳에서 '커리어 사춘기'를 가장 세게 겪었다. 그래서 친한 지인들에게 늘 좋아 보이는 회사 말고 '나에게 맞는 회사, 맞는 일'을 찾아야 한다고 호소했다. 그 결과 돈만 보고 일하다가 지친 사람들이 진지하게 듣고 자신의 커리어에 대해 고민을 시작한 경우가 많았다.

즉 내게는 사람들의 커리어 고민을 들어주고 유용한 조언을 해준 경험이 있었다. 이 또한 나만의 가치가 되지 않을까?

셋째, 나는 쉽게 할 수 있는 일인데 다른 사람들은 어려워하거나 신기하게 생각했던 일은 무엇이었나?

다시 팩트 하나, 나는 자본시장에서 일한 덕에 돈의 흐름, 비즈니스 모델 분석에 능하다. 기업 실적과 산업 트렌드를 분석하는 일이 내게는 어렵지 않다. 회사를 다니며 내내 한 일이 주가 차트를 들여다보는 것이었고, 결국 기업은 돈을 벌어야 생존할 수 있다는 사실을 당연하게 받아들인다. 어디에서 일하는가에 따라 성장 곡선이 달라지고, 일의 의미와 재미도 달라질 수 있다고 믿는 사람이기 때문이다. 나는 직장인 치고는 사업의 본질에 대해 많이 고민한 편이었다.

이렇게 돈의 흐름을 파악하고 시장의 트렌드를 읽으며 기업을 분석하는 안목은 누구에게 어떤 도움이 될까? 사업을 하려는 사람이 아닐까? 돈이 될지 되지 않을지, 이 사업이 잘되려면 무엇이 필요한지 빠르게 파악해 조언하고 코칭할 수 있지 않을까?

팩트 둘, 내게는 어떤 상황이든 누구와든 이야기를 나누고 설득하는 능력이 있다. 생방송에도 주 2~3회씩 나가곤 했다.

나는 이런 '뻔뻔함'도 재능이라면 재능이라고 생각했다. 일단 뻔뻔하게 들이대고 부딪쳐 보는 무모함이 사람

상대하는 일을 할 때 빛을 발하지 않을까?

이렇게 나를 파헤치고 또 파헤쳐 보니 해볼 만한 일의 리스트가 한 트럭 생겼다. 그중 '이 일, 이 이야기를 하고 싶다'라는 생각이 드는 일이 있었다. 하지만 확신이 없었다. 수요가 있을 거라는 판단이 나 혼자만의 착각이라면? 그래서 테스트를 해보기로 했다. 내가 가정한 강점과 가설이 실제로 작동하는지 말이다. 어떤 사람들이 내 이야기에 반응할까? 그 사람들은 어디에 가장 많을까? 직장인 커뮤니티? 아니던 좀 더 학구적으로… MBA?

미래의 불안이 MBA로 해소될 수 있을까?

일단 MBA 수업을 청강하러 갔다. 강의실은 조용했다. 아니, 정확히는 펜 끝이 종이를 긁는 소리, 말없이 노트북을 두드리는 소리만 들렸다. 교수님은 화이트보드에 뭔가를 열심히 그리고 있었고, 학생들은 그것을 빠짐없이 받아 적고 있었다.

예전과 달라진 풍경이 있다면 강의 내용을 통째로 녹음하는 사람이 꽤 있다는 것. '고등학교가 아닌데, 지식을 통째로 외우는 것이 중요한 게 아닌데 왜 녹음을 하지?

이렇게 다 녹음하고 열심히 필기할 게 아니라 질문을 많이 해야 하지 않나.' 의구심이 들었다. 여전히 남들 보기에 '좋은' 직장에 취업하려면 시험을 잘 봐야 하고, 그러려면 학점을 잘 받아야 하는구나. 내가 학교를 다니던 때와 하나도 달라진 것이 없었다.

정말 재미없었다.

시장은 실시간으로 움직이고 책에 나오는 이론은 현장에서는 이미 낡은 이야기가 되었는데 학생들은 여전히 책상에 앉아 과거의 성공 사례를 분석하고 있었다. 세상이 이렇게 빨리 변하고 있는데도 말이다. 문득 이런 생각이 들었다.

'이들 중 상당수가 예전의 나와 똑같은 고민을 하고 있지 않을까? 이대로도 괜찮을지 불안한 마음에 회사를 다니면서 이 저녁에 MBA 수업까지 듣고 있는 것 아닐까? 하지만 이 수업이 그 불안을 해소해 주지는 못할 텐데. 왜 이 수업을 듣고 이 내용을 배우는지 목적지를 알아야 할 텐데. 이들은 자신만의 목적지를 제대로 설계하고 있을까? 나는 그러지 못했는데, 이 사람들은 어떨까?'

한편으로는 이런 풍경 때문에 내가 이렇게 갈피를 못

　　　　　　　　　　　　2장 · 독립의 조건

잡고 헤매고 있다는 생각에 분노가 일기도 했다. 좋은 성적 받고, 남들 보기에 좋은 회사에 취업하고, 정해진 길을 걸어 올라가면 뭐든 있을 거라는 생각이 나를 커리어 사춘기에 빠지게 한 것 같았다.

어떻게 살고 싶은지, 왜 그렇게 살고 싶은지, 무슨 일을 하고 싶은지, 돈은 얼마나 어떻게 벌고 싶고 어떤 삶이 멋지다고 생각하는지, 왜 그렇게 생각하는지, 당장 지금의 나는 무엇을 해야 한다고 생각하는지…. 인생에 정말 중요한 질문을 학교에서 받아본 적이 없었다. 나는 거대한 조직의 착실한 월급쟁이가 되는 것이 인생의 전부는 아니라고 외치고 싶은 충동에 휩싸였다.

내가 일하며 배우고 경험한 현장 지식을 이들과 나누면 어떨까? 이 시점에서 뭘 경험하면 좋을지 구체적으로 이야기하면 더 도움이 되지 않을까?

무엇보다 하루가 다르게 변하는 세상에서 착실하게 공부하고 성실하게 일하며 정해진 길을 따라가는 것은 정답이 될 수 없다는 사실을 말하고 싶었다. 원하는 일을 원하는 곳에서 하려면 어떤 전략과 전술을 취해야 하는지 알려주고 싶었다. 그건 결국 나에게 필요한 조언이었다.

이들을 돕는 동시에 내 문제도 해결하고 싶었던 것이다.

이 지극히 개인적이고 미시적인 동기들이 나를 움직이게 만들었다.

당장 할 수 있는 일을 하기

나는 곧장 MBA 사무실로 향했다. 노크를 하고 들어가 잠시 문간에 뻘쭘하게 서 있었다. 충동적으로 오긴 했는데 뭐라고 말하지? 실제로는 길지 않은 시간이었을 텐데 당시에는 너무나도 길게 느껴졌다. "안녕하세요. 저 오늘 수업 청강하고 몇 가지 말씀드리고 싶은 게 있어서요."

그들에게 나는 잡상인이나 다름없었을 것이다. 그렇지만 이판사판이다. 이미 문을 열고 들어왔고, '이건 아닌 것 같다'라고 생각해 버린 탓에 좀이 쑤셔서 가만히 있을 수도 없으니 뭐라도 말해보자. 뭐, 오늘 보고 평생 안 볼 수도 있는 사람들인데 창피할 게 없다고 생각했다.

나는 이직 면접을 볼 때나 회사 일을 할 때도 불안하거나 초조해지면 항상 이런 생각을 했다. '밖에 나가면 다 그냥 아저씨, 아줌마야. 당당하게 말해, 당당하게. 쫄지 마.' 사실 쫄리고 떨리니까 이런 생각으로 마음을 다잡았던 것이다. 이렇게라도 하지 않으면 아무도 나를 알지 못하고, 가만히 있으면 달라지는 것은 하나도 없지 않은가? 밑져야 본전이다.

"제가 직전까지 자본시장에서 일했는데요. 오늘 수업을 들어보니 학생분들이 지금 하는 공부가 실제 현장에서 어떻게 쓰일지, 그러니까 이걸 왜 배우는지 알면 공부에 더 몰입할 수 있을 것 같아요. 제가 실제 현장에서 경험한 이야기를 해드리고 싶어요."

내가 요청한 건 하나였다. 강의실만 좀 쓰자는 것. 그 자리에서는 당연히 거절당했다. 이후 몇 번을 더 찾아가 설득했다. 나는 이상한 사람이 아니다, 돈을 달라는 것도 아니다, 외부에서 일하던 실무자를 공짜로 쓸 수 있는 기회로 생각해 줬으면 좋겠다, 학교 입장에서는 리스크도 없다…. 사실이 그랬다. 학생들이 안 모이거나 모였는데 반응이 안 좋으면 나를 안 쓰면 될 일 아닌가?

일을 제안할 때 상대방이 쉽게 의사결정을 할 수 있도록 프레임을 만드는 건 회사에서 일하며 체득한 기술이다. 제안을 받아들이는 쪽의 리스크를 최소화하고, 거절할 이유를 없애면 제안을 받아들일 가능성이 커진다.

이 일을 벌일 때 구체적인 계획이 있었던 것은 아니다. '일단 지르고, 데드라인 잡고, 수습은 나중에' 정신이랄까. 이걸 해서 돈이 될까, 내 일로 삼을 수 있을까 하는 생각은 하지 않았다. 그저 앞서 발견한 내 가치, 즉 내 제품에 수요가 있는지 확인하고 싶을 뿐이었다. '현장과 유리된 수업 분위기가 싫다'는 내 개인적인 동기를 조금 섞어서 말이다.

'일단 질러보자. 안 되면 그때 가서 생각해. 될지 안 될지, 반응이 있을지 없을지 모르는데 지금 단계에서 뭘 망설여.'

그렇게 학생들이 모였고, 세미나가 시작됐다. 세미나 주제는 다양했다. 처음에는 자본시장의 구조와 돈의 흐름 그리고 그곳에서의 일에 대해 이야기했다. 그러다가 점차 전체 직무로 주제를 확장하게 되었다.

학생들의 반응은 기대 이상이었다. 실제 현장이 어떻게 돌아가는지, 일하는 방식은 어떤지 생생하게 전한다는 평을 들었다. 자신이 어떤 전략을 세워가야 하는지 도움이 됐다는 피드백도 많았다. 나는 기업과 산업의 트렌드나 이익 흐름, 일터의 환경이 자신의 일에 결정적인 영

2장 · 독립의 조건

향을 미친다는 걸 아는 사람이 생각보다 드물다는 사실을 이때 알았다.

일의 현장을 알려면 결국 '직접 경험'이 가장 중요하다. 하지만 우리는 일을 해본 사람을 직접 만나는 경험조차 하지 않는다. 그저 떠돌아다니는 정보만 조합해 상상할 뿐이다. 이렇게 파악하는 일의 세계는 편협하다. 그 일이 나에게 적합한지보다는 어떤 회사가 연봉이 높은지, 업무 강도가 어떤지에 집중하게 된다. 이 사실을 알게 되자 '일'에 대해 제대로 된 이야기를 하고 싶다는 생각이 강해지기 시작했다.

잘하고 싶은 일에 뛰어들기

세미나는 무사히 끝났다. 그런데 세미나보다 더 흥미로운 게 있었다. 학생들이 내게 질문하는 방식이었다. 그들은 모두 모여 있는 강의실에서는 아무런 질문도 하지 않았다. 세미나가 끝나고 나서야 복도로 따라 나와 일대일로 질문했다. 그리고 더 개인적이고 구체적인 이야기를 하길 원했다. 자신의 상황이라면 어떻게 할 것 같은지 묻는 등 자신에게 꼭 맞는 솔루션을 듣고 싶어 하는 듯했다. 복도에 오래 서서 이야기하느라 나중에는 다리가 아플 지경이었다.

그래서 또 학교에 제안했다. 일대일 세션을 열면 좋을 것 같다고. 학생들에게 도움 된다는 것이 증명된 듯하니 프로그램 형식으로 만들면 좋겠다고 했다.

학교도 동의했고, 곧 일대일 세션을 오픈할 수 있었다. 직장인 학생들 사이에 입소문이 나면서 인기 과목 수강 신청처럼 빠르게 마감되어 신청하기가 너무 어려웠다는 이야기를 자주 들었다. 처음에는 하루에 서너 명을 만났는데, 요청이 많아져서 어떤 날은 10명씩, 그러니까 10시간씩 세션을 진행하게 되었다.

그들과 이야기를 나누면서 나는 묘한 감정 변화를 느꼈다. 그리고 생각했다. '이 일을 좀 더 잘하고 싶다.'

회사에서 일할 때는 일을 잘해야 한다고 생각한 이유가 명확했다. 돈을 더 벌기 위해서. 승진하기 위해서. 인정받기 위해서. 나로부터 시작된 동기가 아니라, 다른 사람의 시선에 얽매인 동기였다.

그런데 이 일을 하면서는 목적이 바뀌었다. 그냥 잘하고 싶은 게 목적이 됐다. 사람들에게 더 도움이 되고 싶

2장 · 독립의 조건

었다. 다른 사람의 인정과 평가 때문이 아니라, 이 일 자체가 재미있기 때문에 잘해내고 싶다는 열망이 생겼다.

"너 아르바이트하는 거야?"

그즈음 주변에서 이 질문을 종종 받았는데, 무심코 던진 이런 말들이 내 마음에 작은 생채기를 내기 시작했다. 일하는 시간과 벌이가 아르바이트나 다름없기는 했지만, 일하는 마음은 그렇지 않았다. 나는 내가 일해온 경험이 누군가에게 의미 있는 조언이 된다는 사실을 확인하는 과정이 좋았고, 더 노력하고 싶었다. 그리고 또다시 이 질문을 받았을 때 오히려 더 명확해졌다.

이 일을 잘해야겠다.

내가 여기에 있다고 끊임없이 외칠 것

MBA에서 테스트를 마쳤다고 판단한 나는 다른 MBA들에 제안서를 보내기 시작했다. 너희도 해보면 어떻겠냐고. 초반에 이렇게 나 스스로를 영업했던 것 역시 회사에서 배운 것이었다. 그때는 적극적으로 클라이언트를 찾고, 찾아가서 우리 회사 제품을 제안해야 했으니까. 두 번째, 세 번째 클라이언트에게 제안할 때는 성공 케이스를 보여줄 수 있어 제안을 받아들일 가능성이 커진다는 사실을 나는 이미 알고 있었다.

지금 돌이켜보면 이것이 1인 기업의 시작이었다. 시장 조사를 열심히 해서 '아, 이 분야가 블루오션이네' 하며 시작한 것도, 앞으로 시장이 어떻게 될지 예측한 것도 아니었다. 내가 MBA 사무실 문을 두드렸을 때, 나는 전문 강사도 아니었고 커리어와 관련한 일을 해본 적도 없었다. 손에 쥐고 있는 게 전혀 없는 사람이었다.

조금 시간이 지나 일반 직장인을 대상으로 하는 프로그램을 다양한 플랫폼 파트너와 론칭할 때도 마찬가지였다. 모든 것이 준비되어 있었던 적은 한 번도 없었다. 나는 늘 함께 일하고 싶은 파트너를 찾고, 용기를 내 메일을 보내고, 이 아이디어가 시장에서 반응이 있을지 최소한의 제품이나 랜딩 페이지를 만들어 빠르게 테스트하고 본격화하는 방식으로 일을 진행했다. 최대한 가볍게, 완벽하지 않아도 일단 해보는 데 더 중점을 두었다.

이렇게 일단 하는 용기를 내는 게 모든 일의 시작이다. 이 용기가 없으면 어떤 기회도 오지 않는다. 회사를 나온 나는 아무도 모르는 사람이었기 때문에 일단 용기를 내서 나를 알려야 했다. 시간이 지난 뒤에 '그때 이렇게 해봤다면 어땠을까' 같은 후회를 하고 싶지 않았다. 그래서 먼저 제안하고, 상대방이 조금이라도 긍정적인 반응을 보이면 그 기회를 어떻게든 살려보려고 애썼다.

이 일을 만들어가던 시기, 나는 그 어느 때보다도 열심이었고 절박했다. 그리고 이렇게 부딪치며 축적된 경험들은 또다른 일을 시작할 때 시행착오를 줄이는 중요한 자원이 되었다.

내 일을 새롭게 시작하며 느낀 점은 바로 이것이다. 내 일의 쓸모와 기여를 나 스스로 외칠 수 있어야 한다는 것.

"저는 이런 일을 잘해요! 저 여기 있어요! 저를 쓰세요!"

이렇게 말할 수 있어야 한다. 목소리를 높여서, 전투적으로 말하고 외치며 '발견'되도록 애써야 한다. 끊임없이 확성기를 틀어야만 한다. 조직이라는 거대한 브랜드 뒤에 숨어 있을 때는 그 이름표가 나를 대신해 신뢰를 증명해 주었지만, 이저는 내가 누구인지 직접 정의하고 외치지 않으면 아무도 나를 발견해 주지 않는다.

이때 중요한 것이 있다. 내 일의 쓸모를 내가 확신해야 한다. 내 일의 가치를 내가 믿지 못하는데 어떻게 남을 설득할 수 있겠는가. 내 일에서 찾은 의미가 곧 제품의 씨앗이 된다.

하나부터 열까지 내가 주도해서 일하는 경험

또 하나 느낀 게 있다. 시키는 일만 한 사람과 일을 주도해서 한 사람은 시작의 난이도부터 다르다.

내가 회사에서 한 일들은 새로운 프로젝트를 셋업하거나 시작한 지 얼마 안 된 일을 공격적으로, 더 단단하게 설계하는 일이었다. 덕분에 '시작 연습'을 한 채로 회사 밖으로 나올 수 있었고, 내 일을 다져 나갈 때 큰 도움이 되었다. '실전 연습'을 충분히 했다는 뜻은 아니다. 어쨌든 회사의 인프라, 동료, 시스템을 활용할 수 있는 상황이었으니까.

하지만 그런 경험마저 없이 회사에서 시키는 일만 하거나 일을 다 외주화했던 사람이라면 시작조차 어려울 수 있다. 특히 내가 처음부터 끝까지 해본 일이 없으면 일의 깊이를 알 수 없다. 누군가를 따라 할 수는 있지만 자기만의 것이 없고, 완결을 경험하지 못한다. 이렇게 일하는 습관이 든 사람은 회사의 울타리를 벗어나는 상황을 더 어렵게 느끼곤 한다.

1인 기업의 일은 처음부터 끝까지 나의 시선이 닿지 않는 곳이 없다. 그러니 시작하기 전에 어떤 일이든 내가 주도하면서 실패도 해보고, 수정도 해보고, 더 나아지는 과정도 겪어보는 게 좋다. 이 모든 경험이 고스란히 쌓여 자산이 된다.

이제 내 일을 시작한 지 10년이 되었다. 10년을 지속하며 일을 의미 있게, 재미있게 하고 싶어 하는 수많은 직장인을 만났다. 그리고 그들은 하나같이 작든 크든 자신만의 제품이 될 수 있는 남다른 스토리를 가지고 있었다. 그것을 어떻게 꺼내고 다듬어 자신만의 제품으로 만들지, 어떤 동기로 그런 일을 시작해야 할지 선명히 알지 못했을 뿐.

프리토타이핑,
세상에 완벽한 계획은 없다

내가 만나는 직장인 대다수가 자신만의 일을 하고 싶어 하면서도 시작하기는 어려워한다. 이들이 자주 하는 말이 있다.

"아직 준비가 덜 됐어요."

"상황이 좀 더 정리되면 시작할게요."

"완성되면 보여드릴게요."

이들이 게으르거나 정말로 준비되지 않은 건 아니다. 오히려 반대다. 성실하고 책임감이 강하며 잘하고 싶은 욕망이 큰 사람인 경우가 많다. 안정적인 회사에서 일하고 있다면 이런 경향이 더욱 두드러진다.

회사에서 일하다 보면 완성되지 않은 것을 내놓기

어렵다. 상사에게 브고할 때, 동료들과 회의할 때, 고객에게 제안할 때, 우리는 항상 '완벽한 것'을 보여줘야 한다. 80% 완성된 기획서를 들고 가면 "이게 뭐야? 좀 더 다듬어 와"라는 날 선 피드백이 돌아온다. 프로젝트 중간에 "일단 반응 보고 방향을 바꿔볼까요?"라고 말하면 "계획이 뭐였는데 이제 와서 바꿔?"라는 핀잔을 듣는다.

조직 안에는 수많은 결정권자와 협업자가 존재한다. 내 기획이라 해도 상사의 컨펌을 받아야 하고, 관련 부서를 설득해야 하며, 예산 부서의 문턱을 넘어야 한다. 수많은 사람의 동의를 얻어야 일이 겨우 한 발자국 나아가는 구조다. 그러다 보니 반려당하지 않기 위해 시작쿠터 지나치게 '완벽한 정답'을 찾는 데 매몰되곤 한다.

일을 벌이면 나만 바쁘고 피곤해진다는 생각을 하게 되는 경우도 있다. 서로운 시도는 업무만 늘린다. 실패라도 하면 내 평가에 악영향을 준다. 그러니 적당히 몸을 사리는 게 오히려 합리적인 선택처럼 보이기도 한다.

즉 완벽주의적 성향과 완성도에 집착하는 환경이 만들어낸 경험들이 쌓이다 보니 불완전한 것을 세상에 내놓으려면 불안해진다. 이런 태도는 될 놈the right it을 찾는 시간만 늦춘다는 사실을 머리로는 분명히 아는데도 말이다.

뭐든 할 수 있는 시대, 내 일을 찾지 못하는 이유

아이러니하게도 지금은 시도하기 가장 좋은 시대다. 인스타그램, 유튜브, 브런치, 링크드인 등 내 생각을 세상에 던져볼 수 있는 플랫폼이 수없이 많아졌다. 예전처럼 출판사를 통해야만 책을 낼 수 있는 것도 아니고, 방송국을 통해야만 영상을 송출할 수 있는 것도 아니다. 중간 게이트웨이가 사라졌다. 누구든 직접 고객을 만날 수 있고 누구든 생산자가 될 수 있다.

AI 도구도 넘쳐난다. 영상 편집, 디자인, 글쓰기, 홈페이지 제작 등 예전엔 전문가를 쓰거나 직접 기술을 배워야만 할 수 있던 일들을 혼자서도 빠르고 효율적으로 해낼 수 있는 세상이 되었다.

그런데도 우리는 망설인다.

왜일까?

나는 선택지가 너무 많고, 너무 쉽게 접근할 수 있기 때문이 아닐까 생각한다. 누구나 할 수 있기 때문에 어떻게 차별화하는지가 관건이 될 텐데, 지금까지 우리는 '나만의 다름'을 일에 한 스푼 섞어본 경험이 별로 없다. 제조, 유통 중심으로 성장해 온 국내 기업들의 일은 표준화되어 있는 경우가 닳다. 직원 개인의 취향이나 새로운 관점은 퇴근 후 취미 생활 정도에나 반영할 수 있다.

심지어 쉬워 보이는 일도 막상 내가 시작하려고 보면 막막하고, 해볼 만하다 생각했던 일도 제대로 고민할 시간이 충분치 않다. 차라리 어떤 식으로든 빨리 돈 벌 궁리를 하는 게 나아 보인다. 결국 다시 제자리. 주식이나 부동산, 경매 등 재테크를 알아보는 쪽으로 기운다.

결국 이 모든 둔제는 '나만의 일 자산'을 발견하지 못했기 때문에 발생한다. 내 강점, 내가 좋아하는 일, 나만의 제품을 모르면 막막해질 수밖에 없다. 내가 해온 일 중 무엇에 경쟁력이 있을지, 무엇을 회사 밖에서 할 수 있을지, 어디서부터 시작해 어디까지 준비해야 할지 몰라 절벽에 선 것처럼 느끼는 것이다. 그리고 이 불안한 상황은 앞서 말한 완벽주의를 더욱 강화시킨다.

빠르고 안전하게 내 제품의 수요를 확인하는 법
이 망설임을 타개할 좋은 방법이 하나 있다. 구글의 엔지

니어링 디렉터였던 알베르토 사보이아Alberto Savoia가 구글에서 혁신 자문을 하며 발견한 방법론을 담은 책, 《아이디어 불패의 법칙》에서 찾은 방법이다. 이 책을 읽으며 내가 MBA 사무실 문을 두드렸던 순간부터 이때까지 해온 일을 '프리토타이핑pretotyping'이라 부른다는 걸 알게 되었다.

프리토타이핑은 '가장하다pretend'와 '시제품prototype'을 합친 말이다. 진짜 제품을 만들기 전에 가짜로라도 만들어서 '이 아이디어가 진짜 작동할까?'를 빠르게 테스트하는 것으로, 최소한의 비용과 시간을 들여 최대한 빠르게 실제 시장 반응을 확인하는 방법이다.

예를 들어 옷을 개어주는 기계를 론칭하고자 한다. 아직 제품 개발 전이지만, 시간과 비용을 투자하기 전에 고객들이 이 서비스를 원하는지 먼저 알아보고 싶다. 이때 옷을 개는 사람을 기계처럼 생긴 박스 안에 숨겨두고 세탁소에 방문하는 고객들의 반응을 살피는 것이다. 유튜브 등을 활용한다면 제품이 실제로 출시된 것처럼 영상을 제작하여 먼저 타깃 시장에 공유할 수도 있다.

이 개념을 세상에 처음 소개한 사보이아는 "대부분의

새로운 아이디어는 실패한다. 문제는 아이디어 자체가 나빠서가 아니라, 그 아이디어가 실제 수요가 있는지 제대로 검증하지 않고 만들기 시작해서다"라고 말한다.

나의 프리토타이핑은 다음과 같은 경로로 진행되었다.

> MBA 사무실 문을 두드린다 → 세미나를 열어본다 → 복도에서 학생들의 반응을 확인한다 → 일대일 세션을 제안한다 → 다른 MBA에 제안서를 보낸다 → MBA에서 반응을 얻은 프로그램을 일반 소비자 대상으로 변형해 나와 맞는 플랫폼에 제안한다 → 수요를 확인하면 빠르게 서비스화한다

각 단계마다 '이게 정말 필요한 일인가'를 가볍게 테스트하고, 고객 반응을 실제로 확인하는 데 집중했다. 완벽하지는 않더라도 최대한 빠르게.

회사에 발은 걸쳐두고 밖으로 조금씩 나아가기

내가 제안하는 건 '회사 다닐 때' 프리토타이핑을 해보라

는 것이다. 안정적인 직장이 있을 때, 실패를 해도 돌아갈 곳이 있는 불안하지 않은 상태일 때 말이다. 나처럼 맨땅에 헤딩하듯 도전하기를 권유하는 게 아니다.

한번 경험해 보고 나면 회사를 더 열심히 다니게 될지도 모른다. 반대로 '이렇게 새로운 세상이 있었다니, 우물 안 개구리처럼 살았네' 하며 그동안의 시간을 후회할 수도 있다. 어쨌든 내 일과 삶의 선택지를 갖게 된다는 점에서 나쁠 일은 없다.

회사 업무 중에서 내가 조금이라도 잘하는 일이 내 일이 된다고 생각해 보면 어떨까? 회사 일이 아니더라도 내가 관심 있고 재미있다고 느끼는 프로젝트에 사람들이 얼마나 반응할지 테스트해 보는 것도 좋다.

내가 얼마 전에 일대일 세션에서 만난 10년 차 직장인 A는 회사 일에는 별로 애정이 없지만 〈나는 SOLO〉 같은 연애 예능 프로그램을 좋아하고, 남녀가 즐겁게 어울리는 오프라인 모임에도 자주 참여한다고 했다. 1박 2일 캠핑, 와인 모임, 특정 주제로 떠나는 투어 등 다양한 모임에 참여하다 보니 '이왕이면 인사이트가 있거나 맛집 투어 등 특정 주제가 있는 커뮤니티를 해보면 어떨까' 하는 아이디어가 떠올랐다고 했다.

이 아이디어도 회사를 다니면서 프리토타이핑으로 시작할 수 있다. 완벽한 커뮤니티 플랫폼을 만들기 전에 말이다.

> 일단 지인 5명에게 "이런 모임 하면 올래?" 물어본다 → 오픈채팅방을 하나 만들어서 첫 모임 공지를 올린다 → 지인 5명과 그들이 초대한 5명, 총 10명으로 실제 모임을 열어본다 → 다들 즐거워하는지, 다음에 또 오고 싶어 하는지 반응을 본다 → 좋았던 점과 아쉬웠던 점에 대해 피드백을 받는다 → 피드백을 반영해 다른 방식으로 두 번째 모임을 기획한다

다른 예도 있다. 20년 차 직장인 B는 조직 내에서 멘토링, 성과 평가 및 피드백, 일대일 미팅 등을 어떻게 진행해야 하는지 구상하는 일을 오래 해왔는데, 회사 밖에서도 이런 일의 수요가 있을지 궁금해했다. 이 또한 프리토타이핑으로 검증해 볼 수 있다.

링크드인이나 브런치에 '효과적인 일대일 미팅을 하는 법'이라는 글을 써본다 ➜ 공감 댓글이 달리는지, 달린다면 어떤 부분에 반응하는지 반응을 본다 ➜ 주변 팀장급 지인 3명에게 "1시간 동안 일대일 미팅 노하우를 알려드리고 커피값만 받을게요"라고 제안한다 ➜ 실제로 해본 뒤 그들이 만족하는지, 돈 낼 의향이 있는지 본다 ➜ 반응이 좋다면 일대일 미팅 워크숍을 소규모로 열어본다 ➜ 유료로 5명만 모집해 본다

이렇게 단계별로 테스트하면서 시장 수요를 확인하는 것이다. 몇 번 시도를 하면 알게 된다. 이 일이 정말 사람들이 돈을 내고 참여할 만한 가치가 있는 일인지.

이 두 사람 모두 '완벽한 사업 계획서'를 만들 필요가 없다. 홈페이지를 먼저 만들어서 홍보할 필요도, 당장 회사를 그만둘 필요도 없다. 이런 방식으로 빠르게 시장 가능성을 확인해 볼 수 있다.

반응이 오면? 그때 내 시간과 돈, 에너지를 좀 더 투자한다. 반응이 없으면? 빠르게 수정하거나, 다른 방식을 시도한다.

이것이 프리토타이핑의 핵심이다. 완벽한 계획을 짜는 게 아니라 일단 시도해 보는 것. 나를 믿고, 반응한 실제 고객들의 데이터를 믿고, 조금씩 전진해 보려는 태도. 이때 머뭇거림과 완벽주의를 내려놓는 것이 먼저다.

경험이 쌓이면 직관이 된다

인생은 계획대로 되지 않는다. 계획대로 되기에는 세상이 너무 빨리 변한다. 그러니 '나중에 이렇게 해봐야지' 하는 게 있다면 지금 하길 바란다. 이렇게 '일단 실행'을 해야 감각이 쌓인다. 내가 잘하는지 못하는지, 어떻게 보완해야 하고 승부처는 어디인지 판단할 수 있게 된다. 이렇게 쌓은 감각의 데이터는 직관이 된다.

직관이 좋아지면 판단이 빨라진다. 여기서 판단이 빠르다는 건 신중하지 않다는 게 아니다. 손흥민 같은 선수는 어떻게 0.1초 만에 패스와 슛을 판단할까? 수천 번 훈련하고 수백 번 실전 경험을 쌓았기 때문이다. 몸이 반응하는 것, 빠르고 정확한 판단. 이것이 직관이다.

직관이 있으면 남의 방식을 맹목적으로 따라 하지 않게 된다. 레시피를 정확히 따라 해야만 맛이 나던 요리가,

레시피 없이도 그 맛이 나는 순간이 온다. 그리고 그때부터 '나의 맛'을 추가할 수 있게 된다.

결국 이 직관이라는 건 시행착오의 다른 이름이다. 실패가 두렵다고 아무것도 하지 않으면 직관은 자라지 않는다. 작은 것부터 서툴더라도 일단 해보는 것. 그 경험만이 당신의 데이터베이스가 된다는 점을 잊지 말자. 프리토타이핑은 바로 이를 위한 전략이다.

시도를 두려워하지 않는
마음

삶을 바꾸는 '시도'에 관해 의미 있는 이야기를 들은 적이 있다. 《솔로프리너의 시대》를 쓴 고승원 작가와의 인터뷰에서다. '작가'라고는 했지만 N개 회사와 일하고 있는 그는 CTO이기도 하고, 기업 자문을 맡기도 하고, 파트타임으로 개발을 하기도 한다. 유튜브 채널도 운영한다. 책을 꾸준히 쓰고, 임팩트 투자자로도 활동하고 있다.

그는 내일모레 50세다. 아이가 셋이고 외벌이다. 보통 이런 상황이면 안정적인 일을 찾는다. 월급이 꼬박꼬박 나오는 정규직. 위험한 시도는 피하기 마련이다. 하지만 그는 달랐다.

"어떤 사람은 저가 개발자인 줄 전혀 몰랐대요. 저는

그 말이 너무 좋거든요. 제가 바랐던 거예요. 그냥 끌리는 사람, 만나고 싶은 사람이 되고 싶어요. 업으로 규정되는 게 아니라요. 제가 개발자라는 업을 강조하면 개발 일을 계속 해야 하잖아요. 근데 저는 앞으로 계속 업을 바꿀 생각이거든요. 그래서 업이 먼저 떠오르면 오히려 실패한 거라고 생각해요."

그는 내가 아는 그 또래 '아저씨' 중 손에 꼽히게 도전적이다. 뭔가를 계속 시도한다. 나는 그 비결이 궁금했다. 지금 당신이 '무엇을 해야 할까'를 고민하기 전에 '할 수 있을까' 때문에 망설인다면 도움이 될 것 같아 인터뷰 내용을 소개한다.

기반이 없다는 건 오히려 자유다

"저는 전前이라는 게 아무것도 없어요."

그는 담담하게 말했다.

"좋은 학벌도 아니고, 우리나라에서 알아주는 기업을 다닌 이력도 없어요. 네이버, 카카오 이런 데서 일해보지도 않았죠. 그런 이력이 저를 전부 설명해 주지는 않는다고 생각하지만, 어쨌든 누군가 봤을 때 제 커리어에 내세

울 것은 아무것도 없어요."

그는 고등학교 때까지 시험 날이 언제인지도 모르고 학교를 다녔다고 했다. 먹고살기 바빴다. 중학교 때부터 아르바이트를 했고, 대학교에 다닐 때도 아르바이트를 몇 개씩 하면서 생계를 구려야 했다. 직장 생활을 시작했을 때는 집이 없어서 찜질방에서 6개월을 살았다. 친구 기숙사에 몰래 숨어 살기도 했다.

"굴곡이 진짜 심했어요. 그래도 저는 뭔가 새로운 것에 도전하고 문제를 해결하는 게 너무 행복했거든요. 개발자라는 일이 끊임없이 배우고 변화해야 하는데, 그 일이 저에게 잘 맞았어요."

전前이 없다는 것, 껍데기가 없다는 것이 그에게는 오히려 자유롭게 시도할 수 있는 기반이 되었다.

고승원은 ERP 컨설팅 회사에서 소위 '잘나가는' 직원이었다. 15년 전, 개발자가 연봉 1억을 받는다는 이야기가 나오기도 전에 이미 억대 연봉을 받고 있었다. 빠르게 회사 2인자까지 올라갔다.

"처음에는 너무 편했죠. 심지어 제가 회사에 나가든 빨리 퇴근하든 아무도 뭐라고 하는 사람이 없었어요. 따박따박 급여 나오고, 안정적이고. 그런데 저는 변하지 않는 것들이 너무 두려운 사람이거든요. 마흔이 되었는데도 여기에 있으면 평생 이렇게 지낼 것 같다는 불안감이 너무 컸어요."

결국 39세가 된 해 9월, 그는 퇴사했다. 대책도 없이. 아내는 아무 말도 하지 않았다. '뭘 하더라도, 하다못해 공사판에서 막노동을 하더라도 식구를 굶기지 않을 사람'이라고 생각했기 때문이다.

퇴사 후 3개월은 퇴직금으로 지냈다. 그러다 첫 창업을 했다. "첫 창업으로 많이 벌진 못했지만, 여행도 하고 그동안 힘들었던 걸 극복할 만큼은 수익을 냈어요."

그후로 그는 총 5번의 창업을 했는데, 특히 세 번째 창업이 힘들었다. 대차게 망했기 때문이다.

실패는 다음 시도의 용기가 된다

사업이 망하고 코로나 팬데믹까지 겹치자 할 수 있는 게 없었다. 하지만 그는 유튜브를 시작했다. 편집은 자신 없어서 라이브처럼 영상을 찍어서 바로 업로드했다.

첫 영상에 달린 댓글 덕분에 유튜브를 할 자신이 생

졌다. "학교에서 몇 년간 배운 것보다 이 20분짜리 영상 하나가 더 나를 성장시켰다." 구독자가 빠르게 1만 명이 되고 출판사에서 연락이 오기 시작했다. 임팩트 투자도 소식이 끊겼던 친구가 출간된 책을 보고 연락을 해오며 시작되었다. 그 친구가 그 일을 하고 있었던 인연으로.

"우연에 우연이 겹쳐서 힘들었던 상황에서 책을 쓰고, 투자자가 되었어요. 미래를 예상하고 한 일은 아닌데, 결국 연결된 거죠. 저는 시도를 두려워하지 않는 사람이라는 말을 진짜 많이 들어요. 생각이 떠오르면 시도를 하고, 반응이 없으면 그것 또한 반응이라고 생각해요. 보통은 시도도 하기 전에 반응이 두려워서 포기하잖아요."

계속해서 프리토타이핑을 해온 셈이다.

이어서 그는 사업에 실패한 친구 이야기를 들려주었다. 그 친구는 빚을 갚기 위해 1년 넘게 전국 방방곡곡을 돌아다니며 무슨 일이든 했다. 숙박비를 아끼려고 고속도로 휴게소에 주차를 하고 차 안에서 쪽잠을 자면서 버텼다. 그 생활이 너무 고통스러워 '다 놔버릴까. 너무 힘들다'라고 생각하던 순간, 지인이 그 친구에게 이런 질문을 했다.

"만약에 아이가 내일 죽을 수도 있는 병에 걸렸다고

생각하면, 지금 상황이 그것보다 바닥이야?"

자식 잃은 슬픔에 비하면 돈 때문에 차에서 자는 지금 상황은 '바닥'이 아니다. 친구는 그제서야 깨달았다고 한다. 자신이 이미 바닥에 와 있다고 생각해서 괴로웠다는 사실, 더 깊은 바닥이 존재하고 지금의 자신은 더 할 수 있다는 사실을.

고승원 작가는 이 이야기를 전하며 겉으로 화려해 보이는 사람들에게도 각자의 바닥이 존재한다고 덧붙였다.

"진짜 힘든 순간은 누구에게나 와요. 연예인이나 잘 나가는 사람들도 사실 다 바닥이 있어요. 우리가 모를 뿐이고 못 봤을 뿐이죠."

바닥으로 한번 떨어져 본 사람은 그다음 파도가 왔을 때 가늠할 수 있다. 이 파도가 내가 겪은 것에 비하면 아무것도 아니라는 것을. 시도와 실패는 좌절과 낙담이 아니라 그다음 시도의 용기가 된다는 것을.

'나'라는 존재를 잃지 않는다는 원칙

그는 지금 6개 회사와 일하고 있다. 여기에도 명확한 기준이 있다고 했다.

"다른 회사와 협업하는 시간은 매월 80시간을 넘기지 않아요. 평균적인 근무 시간이 한 달에 160시간이라고 생각했을 때, 무조건 반은 나를 위한 일에 쓰기로 원칙을 세웠어요. 내 걸 만든다거나, 뭔가 도전한다거나, 글을 쓴다거나, 여행을 한다거나."

아무리 좋은 일이 많이 들어오고 돈 벌 수 있는 기회가 와도, 결코 반 이상은 할애하지 않는다.

"들어오는 일만 하다 보면 결국 성장을 못 해요. 저는 인간이 끊임없이 성장해야 하는 존재라고 생각하거든요."

그는 은퇴하기 전까지 100개의 회사에 기여하는 게 비전이라고 했다. 자신의 기술로 그 사람들이 각자의 비전에 한 발자국씩 다가서도록 돕는 게 너무 좋다면서.

"그런데 이것과 별개로 제가 도전해 보고 싶은 게 많아요. 밸런스를 잘 유지하며 오래도록 지속 가능하게 일하는 게 제일 중요하다고 생각하기 때문에, 저는 이 원칙을 절대 어기지 않아요."

1인 기업이 누릴 수 있는 자유를 만끽하려면, 고여 있지 않으려면, '애써서' 시도하고 도전하며 자신의 시간을 관리해야 한다는 뜻이다.

그리고 그는 이렇게 말하기도 했다.

"뭐가 돼야 한다고 생각해 본 적이 없어요."

얼마전 1인 기업 네트워크 파티에서 명찰을 나눠줬다고 한다. 첫 줄에는 자기 직업을 적고, 둘째는 자신의 가치관을 적게 되어 있었다. 그는 뭐라고 적었는지 물었다.

"고승원. 영문 이름을 적었어요. 제 직업은 제 이름이에요. 저는 그냥 저라고 생각하는 것 같아요. 규정되고 싶지 않아요. 제 명함에도 '아무도 나를 정의할 수 없다No one define me'라고 적어뒀거든요."

그는 스스로를 '베테랑 배우'라고 표현했다. 자신에게 어떤 일이 주어지더라도 완전히 몰입해서 해내고, 이후엔 미련 없이 놓고 새로운 배역에 몰입할 수 있는 사람이라는 의미라고 했다.

내가 짠 판의 주인이 될 것

"저는 무조건 판을 제가 만들어요. 남의 판에는 가급적 가지 않아요. 가끔 필요하면 할 수는 있겠지만, 제가 만들려고 하는 편이에요."

판을 만드는 건 처음에는 어렵다. 걱정이 많이 된다.

아무도 안 올까 봐.

"저도 뭔가 시도를 한 거예요. 시도하면서 '반응이 없네' 생각하고, 실패하고, 또 하고, 또 하고. 그러다 보니 지금은 그렇게 시도하고 실패하는 것조차 저라는 사람의 브랜딩이 된 것 같아요."

그는 또 이렇게 덧붙였다.

"누구나 처음은 어렵죠. 판을 깔기 위해서는 일단 판의 주인다운 모습이 되어야 하는 거잖아요."

고승원은 나이가 들어도 "고승원 여전하네. 멋지다"라는 말을 계속 듣고 싶다고 했다. 20년 뒤, 30년 뒤에도 계속 뭔가를 시도하고 도전하는 사람이고 싶다는 것이다.

그를 인터뷰하기 전 나에게는 약간의 망설임이 있었다. 내가 아는 아저씨 중 어떤 아저씨도 여러 회사와 함께 일하고 유튜브를 하고 책을 쓰고 혼자 혹은 가족과 한 해에도 몇 번씩 유럽 여행을 가는 삶을 살고 있지 않기 때문이다. 심지어 아이 셋을 키우면서 말이다. 이렇게 계속 판을 만드는 아저씨는 없었다. 설령 이런 마음이 있더라도 가족의 반대와 염려, 걱정 때문에 망설이는 사람이 대부분이다. 하지만 그에게는 자신을 전적으로 믿어주는 아내의 존재가 있었다. 누구나 이렇게 할 수는 없을 거라는 생각이 들었다. 그래서 거리감이 느껴지면 어쩌나 싶었다.

하지만 대화를 나눌수록 그가 누구보다 열심이었기 때문에, 애쓰며 시도했기 때문에, 끊임없이 부딪쳤기 때문에 가능했다는 생각을 하게 되었다. 이미 가진 것을 움켜쥐는 게 아니라 언제든 놓을 수 있다는 태도, 앞으로 나아가려는 그 태도가 더 절박해 보였다. 그것이 지금의 그를 만든 게 아닐까.

그리고 생각했다. 요즘의 나는 얼마나 새로운 시도를 하고 있나? 일을 하다 보면 언젠가부터 기존의 일을 기반으로 다음 일을 하게 된다. 그러다 보면 점점 해오던 대로 일할 확률이 높아진다. 나 역시 어느 순간부터 그랬다. 번거로우니까, 귀찮으니까 적당히 타협하면서.

요즘의 내가 고여 있다고 생각하게 된 가장 큰 이유가 여기에 있다. 누군가를 만날 때마다 그리고 이 책을 통해서 시도해 보라고 부추기면서 나는 그러지 못했으니까.

안 될 이유를 찾지 말자고 다짐해 본다. 고민하지 말고 일단 해보자. 안 되면 그때 가서 다시 생각해도 된다. 할까 말까 하는 게 있다면, 그냥 해보자. 고민보다 Go!

2장 · 독립의 조건

요즘 잘되는 것 말고
내가 잘하는 것

여기까지 읽으며 그게 무엇이든 간에 시도할 마음이 들었다면, 축하와 함께 주의해야 할 함정 하나를 말해주고 싶다.

나를 찾아오는 직장인 중 상당수가 '요즘 뭐가 잘 팔리는지' '뭘 하면 잘될 것 같은지'를 먼저 묻는다. 한 번은 HR 교육을 오래 해온 분이 찾아와 내게 이렇게 묻기도 했다. "무인 카페가 잘된다는데 어떤가요? 경제적 자유를 달성하고 싶은데 어떤 아이템으로 자동화 수익을 만들어야 할까요?" 카페에서 아르바이트를 해본 적도 없고, 자동화 수익의 근간이 될 일에 대한 아이디어를 고민해 본 적도 없는 분이 말이다.

'월 1000만 원 보장'을 외치는 콘텐츠가 넘쳐나는 탓이다. SNS에도 돈을 쉽게 버는 것처럼 보이는 사람들이 많다. 하지만 '요즘은 뭘 하면 잘되지?'라는 질문이 가장 위험한 시작점이다. '이게 잘된다던데' 하는 생각, 돈을 쉽게 벌고 싶은 마음으로는 99.9% 망한다.

차별화를 간과하면 생기는 일

제약회사에서 영업 기획 직무로 9년간 일하다 독립을 준비하던 분과 상담한 적이 있다. 아마존 아트월 판매가 유행이라느니 온라인 경매 시장이 뜬다느니 하는 이야기에 혹해 이것저것 시도해 봤지만, 어떤 것도 성과가 나지 않았다고 했다. 회사로 돌아가야 할지, 아니면 다른 일을 해야 할지 불안하다는 이야기였다.

그가 시도한 일이 잘 풀리지 않은 이유는 과거에 단 한 번도 그 분야에 관심과 흥미를 가져보지 않았기 때문이다. '남들이 핫하다고 하니 나도 한번 해볼까' 하는 마음에 시작한 일이라서. 일이라는 것이 그렇다. 남이 하면 쉬워 보이고, 내가 하면 어렵다. 내가 직접 해보지 않고 그 일을 속속들이 알 수는 없다. 어느 일이든 하기 싫어도 참고 견디는 과정이 필요한데, 밖에서 보면 간과하기 쉽다. '카페나 해볼까' '독립서점이나 해볼까' '유튜브나 해볼까' 같은 '해볼까'가 그래서 위험하다.

　다른 사람이 하는 걸 나도 하는 게 문제라는 이야기가 아니다. '나라서' 할 수 있는 일이 아니라는 게 문제다. 차별화되지 않은 저 품은 그 자체로 경쟁력이 없어 가격으로 승부를 보아야 한다. 싸게 팔아야 한다는 뜻이다. 그러면 내 인건비를 보전하기도 쉽지 않다. 결국 '내가 지금 이걸 왜 하고 있지?'라는 생각이 든다. 말 그대로 '현타'가 오는 것이다. '돈 벌기가 왜 이렇게 어려울까? 역시 난 안 돼. 회사 다니면서 월급 받고 버티는 게 제일 편한 길 아니었을까?' 후회의 늪에 빠지는 것도 순식간이다.

　좋아하지도 않고 잘하지도 못하는 일을 트렌드라는 이유로 좇는다면 오래 버티기 힘들다. 1인 기업의 제품 전략이 '남들이 해서 돈 번 일'이 아니라 '내가 오래 할 수 있는 일'에서 출발해야 하는 이유가 여기에 있다. 그래야 외부 환경이 흔들려도 끈기 있게 지속하는 힘이 생긴다.

　단순하게 생각해 봐도 내가 좋아하는 일, 나의 미시적 동기에서 비롯된 일은 나도 모르게 그 일을 계속 들여다보며 파고 또 파게 된다. 그러다 보면 새로운 걸 발견하게 되고, 그게 재미있어서 다시 또 파고, 또 발견하며 차별화 포인트를 만들어낼 수 있다.

그러다 보면 자연스럽게 '잘'하게 된다. 회사에서도 일을 잘하는 게 중요하지만, 1인 기업은 더 중요하다. 잘해야 한다. 사람들은 잘하고 잘 만들어서 자신에게 도움이 되는 것에만 지갑을 연다. 그러니 내 무기를 벼리는 쪽이 돈 벌 확률이 높다.

여기까지 읽어도 여전히 내가 잘하는 일, 나만의 무기가 무엇인지 떠오르지 않을 수 있다. 곧바로 생각나지 않는 게 어쩌면 당연하다. 찾을 마음을 먹었다는 것만으로도 한 걸음을 뗀 것이다.

이 책의 부록 '나만의 일 찾기 워크숍'에 한 걸음을 두 걸음, 세 걸음으로 만들어줄 질문들이 수록되어 있다. 하나씩 답하면서 내 일의 실마리를 찾아보기를 바란다.

타깃 고객,
나와 꼭 닮은 단 한 사람

나는 결국 일이란 누군가의 마음을 사는 것이라 생각한다. 함께 일하는 동료의 마음을 사고, 내 일을 응원해 줄 가족이나 지인의 마음을 사고, 가장 중요한 고객의 마음을 사는 것. 그 마음을 얻으려면 고객이 어떤 사람인지, 어떤 어려움을 겪고 있는지 충분히 이해하고 공감해야 한다.

1인 기업은 광고 없이도 소문이 나야 한다. 고객이 스스로 제품을 사게 만드는 강력한 마케팅 효과가 필요하다. 이 효과를 만드는 방법은 딱 하나다. 타깃 고객의 특성을 아주 자세히, 구체적으로 정의해 그들의 마음을 움직이는 것. 그래서 생각했다. 단 1명의 문제를 제대로 해결할 수 있다면, 그 1명이 10명, 100명으로 차차 늘어나지 않을까?

내가 100%를 넘어 120% 만족시킬 수 있는 사람. 내가 정말 이해하고 공감할 수 있는 사람. 그래서 내 제품에 돈이나 시간을 쓸 수 있는 사람.

그 1명이 누구인가.

나는 누구에게 닿고 싶은가.

나를 닮은, 내 첫 번째 고객

나의 초기 타깃은 나 같은 사람들이었다. 열심히 일하다 어느 날 갑자기 '이게 맞나?'라는 질문에 답하지 못하게 된 사람들. 기업 강연 같은 걸 들을 때도 '이런 거 쓸데없이 왜 해. 이럴 시간에 퇴근이나 빨리 시켜주지. 내가 듣고 싶은 강의나 듣게 직접 돈을 주든가'라고 생각하는 약간은 삐딱한 사람들. 혹은 지금 회사를 그럭저럭 다니고는 있지만 그곳에서 임원만을 목표로 하기보다는 '내 일'에 대해 궁리하는 사람들. 예전의 내 모습을 한 사람들, 그들의 막막함을 너무나도 잘 알았기 때문에 더욱 만나고 싶었다.

MBA에서 프리토타이핑을 거친 후 B2C로 일대일 세션을 시작했을 때 가장 먼저 온 고객은 정확히 여기에 부합했다. S전자에서 10년 이상 일한 워킹맘으로, 직장 생활에 큰 문제는 없지만 이대로 괜찮을지, 회사 밖으로 나간다면 잘할 수 있을지 불안해했다. 그에 대한 답은 자신만이 할 수 있다는 걸 알지만, 누군가와 일에 관한 고민을 나누고 객관적인 조언을 들으면서 그 답을 선명하게 그리고 싶다고 했다. 그의 고민 중 상당수가 내 이야기 같았고, 나는 어렵지 않게 세션을 진행할 수 있었다.

이처럼 나 혹은 내 주변인과 비슷한 어려움을 가진 사람을 타깃으로 하는 건 내 일을 비교적 쉽게 시작하는 방법이다. 타깃의 고민을 내 일처럼 절실하게 느낄 수 있기 때문이다.

대기업에서 개발자로 18년을 일했다는 고객 K의 사업 아이템은 '개발자를 위한 멘토링 프로그램'이었다. 그는 첫 취업 후 팀장이 되기까지 회사 내부에서 보고 배울 선배가 없어 혼자 독학하며 일해왔다. 그 과정에서 연차별, 수준별로 개발자가 알아야 하는 직무 스킬과 역량을 엑셀 시트에 매우 꼼꼼하게 정리해 왔다. 이를 프로그램으로 만들 계획이라고, 시장에 내놓으려면 무엇을 어떻게 해야 하는지 알고 싶다고 했다.

나는 처음부터 모든 연차의 개발자를 타깃으로 하는 건 무리라고 조언했다. 그리고 다음과 같은 질문을 통해 스스로 타깃을 좁혀 나가도록 권유했다.

1. 프론트, 백, 풀스택 개발자 중 누가 타깃인지
2. 1~3년 차, 5년 차 미만, 5년 차 이상, 10년 차 이상 중에서 가장 자신 있는 타깃은 누구인지
3. 타깃의 상태는 어떻고 무엇을 고민하고 있는지
4. 3번의 답은 책상에 앉아 혼자 고민한다고 나오는 것이 아니니 사내 동호회나 회사 후배들에게 이 제품의 최소 버전MVP, Minimum Viable Product을 경험하게 하고 누가 가장 유용하다고 느끼는지 조사해 보기

7년 차 기획자 T도 비슷한 고민을 하고 있었다. 그는 다니던 회사와 일을 좋아했지만, 인수합병이 되고 나서 그동안 해왔던 일과 전혀 관련 없는 프로젝트에 투입되자 마음을 다스리기 위해 컬러링 명상을 시작했고 거기에 푹

빠져 있다고 했다. 그는 컬러링 명상을 자신만의 서비스로 론칭하고 싶어 했고, 나는 다음과 같은 조언을 했다.

1. 한국에서 많은 고객을 확보한 명상 서비스를 찾기 어려운데 그 이유를 생각해 보기
2. 주변 사람들에게도 1번 질문을 하며 고객 관점의 리서치를 해보기
3. 기획자의 시선에서 한국이나 글로벌 서비스 중 명상 앱 상위 10개를 조사해 성공 요인, 실패 요인을 분석해 보기
4. 나는 어떻게 다르게 할 수 있을지 고민해 보기
5. 회사에 컬러링 명상 동호회를 만들어 운영하면서 참석하는 동료들의 니즈를 수집해 보기

그의 입장에서 그가 가장 잘 이해할 수 있는 사람은 어느 날 갑자기 인수합병이 되어 뒤숭숭한 분위기의 회사를 다니는 직장인일 것이다. 그러니 동일한 상황에 처한 사람들의 마음을 세밀하게 파악해 그들을 대상으로 하는 제품을 디자인해 보는 게 좋겠다고도 이야기했다. 타깃

이 '구조조정, 인수합병으로 회사를 다니는 마음이 심란한 N년 차 직장인'이라면 결국 그의 회사 동료들일 테니, 사이드 프로젝트로 회사 내에 컬러링 명상 모임을 만들어 운영해 보라는 조언이었다.

K는 크고 작은 회사에서 일하는 다양한 연차의 개발자들을 대상으로 제품을 테스트한 뒤 독립했다. T는 크라우드 펀딩으로 직장인들에게 전하는 메시지를 담은 컬러링 명상 책을 출판했다. 그리고 다양한 커뮤니티(제품)를 출시해 운영하기 시작하면서 독립했다.

이런 식으로 내 제품의 타깃 고객을 찾은 사례가 많다. 어떻게 하면 일을 좀 게으르게 해볼까 고민하는 직장인에게 엑셀, 노션, AI로 업무 생산성을 높이는 방법을 알려주는 유튜브 '공여사들'이나 번아웃을 겪는 직장인들이 스스로를 마주할 수 있도록 도와주는 커뮤니티 사이트 '밑미'가 그런 예다.

물론 타깃이 꼭 과거의 나이거나 내 주변 사람일 필요는 없다. 중요한 건 내가 타깃을 정말로 이해하고 공감할 수 있느냐, 얼마나 구체적으로 그들의 관점에서 생각할 수 있느냐다.

나의 첫 번째 고객을 가능한 한 구체적으로 상상해보자. 누구를 만나고 싶은가?

타깃이 분명해야 모든 일이 명확해진다

나의 고객, 그 1명의 특성을 가능한 한 자세히 생각하고 제품을 테스트하며 발전시키다 보면 고객에게 제공할 '경험'도 구체적으로 디자인할 수 있다. 마케팅 채널, 고객에게 전달하는 메시지, 제품의 우선순위, 검증의 속도 등 많은 면이 한결 명확해진다. 반대로 타깃이 모호하면? '모두가 좋아할 만한 걸 만들어야지'라는 생각은 결국 아무도 특별하게 좋아하지 않는 평범한 제품으로 이어진다.

나도 단순히 '직장인'을 타깃으로 선정한 게 아니다. '일에 진심이고 자신의 일이 의미 있기를 바라며 일을 더 잘하고 싶어 하는 8~20년 차 대기업 혹은 스타트업 직장인'이 내 1차 타깃이다. 나는 이들의 특성을 다음과 같은 질문을 해보며 구체화했다.

1. 타깃의 소득 범위는 어느 정도인지
2. 한 달에 얼마를 자신을 위해 쓸 수 있는지(자기계발, 학

습, 성장 카테고리의 서비스 및 제품의 종류와 비용 조사)

3. 타깃이 일하는 회사의 지역은 대체로 어디에 많이 몰려 있는지(광고를 한다면 어느 곳에 해야 할지 알 수 있음)

4. 요즘 무엇에 관심이 있는지(라이프스타일)

5. 어떤 이야기에 공감하는지(나의 언어가 아닌 고객의 언어로 마케팅하거나 콘텐츠를 만들 수 있음)

질문을 거듭하며 타깃을 구체화할수록 마케팅 채널이 보이고, 메시지가 날카로워지며 제품의 우선순위가 정해지고 검증이 빨라진다.

개발자 멘토링 서비스를 시작한 K의 경우를 예로 들어보자. '스타트업 초기 멤버, 작은 규모의 회사에서 일하는 개발자'라는 구체적인 타깃을 정했기 때문에 다양한 상황의 개발자가 모인 개발자 커뮤니티에 높은 비용을 주고 광고할 필요가 없다. 마케팅 채널이 좁혀지는 것이다.

'개발자 모두를 위한 생산성 도구'라는 뭉툭한 메시지가 아닌 '주 80시간 일하는 주니어 개발자를 위한 코드 리뷰 자동화 도구'라는 날카로운 메시지를 보여줄 수 있다. 고객이 자신의 이야기라고 생각하고 사용할 가능성이 커진다.

어떤 기능을 '가장 먼저' 만들어야 할까? 타깃이 명확하면 이 질문에도 쉽게 답할 수 있다. 타깃이 가장 고통스러워하는 것, 자주 겪는 문제, 해결 방식이 무엇인지 알기 때문이다. 심지어 타깃이 명확하면 직접 찾아가서 물어볼 수도 있다. "이런 문제를 겪나요?" "이 솔루션이 도움이 될까요?" 20명의 정확한 타깃에게서 받은 피드백과 빠른 검증 과정은 200명의 불특정 다수에게서 받은 '좋아요'보다 훨씬 가치 있을 것이다.

내 타깃과의 접점은 어디인가

타깃을 상상했다고 해도 바로 만날 수 있는 건 아니다. 나역시 책상 앞에서 고민하기보다 실제로 고객을 만나면서 점점 더 타깃의 상을 뾰족하게 그려갔다. 만나려고 애쓰다 보니 만나고 싶은 사람을 더 많이 만나게 되었다고나 할까.

나와 닮은 고객, 나와 같은 고민을 가진 사람들을 만나고 싶었지만 그들이 어디에 있는지, 나를 만나고 싶어 할지, 나아가 그들이 내 타깃이 맞을지 정확히 알 수 없었다. 그래서 다양한 채널에서 다양한 사람을 만나는 실험을 계속했다.

대학교나 대학원에서 취업을 앞둔 사람을 만나기도 하고, MBA에서 직장인들을 만나기도 했다. 자본시장에서 일했다는 명분으로 금융감독원이나 국민연금, 각종 공제회에서 공기업 직장인을 만나는 일도 많았다. 실제로 만나고 보니 이들은 내 타깃이 아니었다. 내가 충분히 공감하고 이해하는 그룹으로 보기 어려워, 타깃 그룹에서 제외했다.

무엇보다 학교나 공기업의 사람들은 나를 만나기 위해 본인의 돈과 시간을 쓸 필요가 없다. 나는 돈과 시간을 쓰며 내 제품을 이용할, 허들이 높은 사람을 만나야 했다. 그래서 자신의 성장에 관심이 많은 사람들이 모이는 채널을 적극적으로 찾아 콜드메일을 보내기 시작했다. 이때 나에게 4개의 질문을 했다.

1. 내 고객은 어디에 있는가?
2. 그들이 많이 찾는 곳은 어디인가?
3. 그곳에 내가 나타나려면 어떻게 해야 하는가?

4. 그 채널과 나는 어떤 부분에서 서로 시너지를 낼 수 있
   는가?

　자사몰(내 홈페이지)을 만드는 방법도 있었지만 일단
빠르게 실험해 보고 싶은 마음이 더 컸다. 그때만 해도 디
자인과 개발을 모르면 홈페이지를 만들 수 없었기에 대안
을 찾는 쪽으로 선회한 것도 있었다.

　나는 B2C 서비스를 여러 플랫폼과 협업하며 론칭했
는데, 대부분 나의 콜드메일에서부터 시작됐다. 지식 콘
텐츠 플랫폼과의 협업은 그곳 대표가 쓴 책을 너무 재밌
게 읽어 짧은 독후감을 보낸 것이 인연이 되었다. 시청의
어느 골목에서 불고기전골을 먹으며 함께 일해보자는 이
야기를 나눴는데, 그때 그는 "우리는 아직 아무것도 아닌,
아무도 모르는 서비스인데 괜찮겠냐"라고 물었다. 나 역
시 아무도 모르는 사람이었고, 둘 다 앞으로 할 일이 태산
같이 많지만 열정과 에너지가 활활 불타오르고 있다는 공
통점이 있어서 오히려 잘됐다고 생각했다. 내가 좋아하고
존경하는 대표님이 운영하는 서점과의 협업도 마찬가지
였다. 그 결과 나는 자신을 성장시키는 데 관심이 많은 사

람들을 급속도로 많이 만날 수 있었다.

나의 타깃이 있을 법한, 혹은 타깃을 좀 더 확장할 수 있는 유튜브나 미디어 채널, 스타트업과의 협업도 적극적으로 추진했다. 그렇게 내 제품과 내 메시지에 반응하는 사람들을 만나면서 내가 무엇을 해야 하는지 점점 더 선명하게 그려지기 시작했다.

요즘은 SNS, 오픈채팅 등 내 제품의 타깃이 있는 채널을 찾기가 훨씬 쉬워졌다. 이런 채널에서 누가 나에게 반응하는지 실험해 보며 과정과 결과의 데이터를 쌓는 것도 방법이다. 멀리 갈 필요 없이 내게 조언을 구하는 동료, 친구가 있다면 그 사람의 특성이 어떻고 내게 주로 무엇을 묻는지 구체적으로 기록해 봐도 좋다.

어떤 사람이 나에게 반응하는가? 내가 도움이 되고 기여할 수 있는 사람은 누구인가? 그 사람은 어디에서 만날 수 있는가?

처음부터 욕심내지 말자. 딱 1명이면 된다. 그 1명을 어떻게 만날 것인지 설계해야 한다.

고객이 원하는 것을 제품으로 만들어라

내가 고객들을 만나면 꼭 묻는 것이 있다. "저 어떻게 알고 찾아오셨어요? 어떤 이유로 찾게 되셨어요?" 내가 셀럽도 아니고, 만나려면 번거로운 과정을 거쳐야 하는데 발걸음해 준 것이 반가워 묻기도 한다. 하지만 진짜 이유가 있다. 고객의 이야기를 듣다 보면 내 제품을 확장할 아이디어를 얻게 된다.

그 결과 지금의 나는 일반 개인(리테일) 고객 대상으로 다음과 같은 단계별 제품 생태계를 구축할 수 있었다.

1. 나를 알리고 접근성을 높이기 위한 무료 콘텐츠(SNS, 유튜브 등)
2. 나의 메시지를 처음으로 깊게 경험해 보는 입문용 도서, IP를 활용한 질문 카드
3. 더 많은 대중과 호흡하며 영감을 나누는 대규모 강연
4. 일정 기간 함께 소통하며 밀도 있게 성장하는 온 · 오프라인 커뮤니티 프로그램
5. 오직 한 사람의 문제 해결에 집중하는 심화 일대일 인사이트 세션

6. 의사 등 타 분야 전문가와 협업하여 일과 건강을 통합
   적으로 관리하는 프리미엄 멤버십

　이 제품들 중에서 커뮤니티나 일대일 인사이트 세션은 처음부터 내가 설계한 게 아니라 고객들의 니즈에서 시작되었다. 커뮤니티는 책을 읽을 때, 누군가의 질문에 답하면서 나를 알아가고 싶을 때, 커리어를 위해 무언가 실행할 때 '혼자'보다는 '느슨한 연대로 함께'하고 싶다는 고객의 의견을 반영해 만들었다. 일대일 인사이트 세션도 마찬가지다. 한 번 만나고 끝이 아니라 좀 더 장기적으로 자신의 위치와 실행 상황을 점검하고자 하는 고객들의 요청으로 론칭했다.

　기업을 대상으로 하는 제품도 마찬가지다. 내 첫 번째 B2B 고객은 아이러니하게도 회사에서 독립한 사람들과 함께한 '언젠가 퇴사' 콘퍼런스에서 만났다. L사의 인재개발팀 팀장이 그날따라 퇴사하고 싶은 마음에 참석한 것이다. 그날 나는 자신의 경쟁력을 찾는 질문에 대해 이야기했는데, 그가 콘퍼런스 이후 오히려 마음을 다잡고 회사를 잘 다니게 되었다고 고백하며 이 내용으로 사내 강

연을 해줄 수 있는지 요청한 게 시작이었다. 이후 다양한 대기업 혹은 스타트업과 협업하며 핵심 인재의 일 고민, 변화하는 시대의 리더십 등의 주제까지 다루게 되었다.

타깃 역시 진화한다. 한 번 정하면 끝이 아니다. 고객들을 더 많이 만나면 그들을 더 깊게 이해하게 된다. 시장과 내 역량에 따라 그들을 해석하는 방향이 달라지기도 한다. 하지만 그들이 '내가 공감하고 이해하는 사람'이라는 본질만은 변하지 않는다.

그래서 나는 계속 질문한다. 나는 어디에 깃발을 꽂을 것인가. 내가 만나고 싶은 사람은 누구인가. 나를 알아야 하는 사람은 누구인가.

내 일에
고유한 이름 붙이기

제품 테스트를 거치고, 타깃을 특정하고, 본격적으로 내 일의 비전을 세우자 나만의 '명함'이 필요해졌다.

"저는 투자은행을 다니다가 언제까지 이렇게 일해야 할까 고민하며 커리어 사춘기를 겪고, 지금은 다양한 직장인들을 만나 일에 관한 질문을 받고 고민을 해결하는 일을 하고 있어요…."

매번 이렇게 말할 수도 없는 노릇이니, 내 일을 설명하는 언어가 필요했다. 그리고 무엇보다 내가 잘하고 싶은 이 일에 '이름'을 붙여주고 싶었다.

회사 다닐 때는 명함 하나로 모든 것이 해결되었다. 회사의 이름과 직함은 나의 기능과 책임을 한 번에 설명해 주는 도구였다. 내 일을 어떻게 설명할지 깊게 고민할 필요가 없었다. 내 부족함이나 불안함, 내가 하는 일의 본질은 회사 이름 뒤에 안전하게 숨길 수 있었다.

그러나 이제는 회사라는 방패가 없다. 내 일을 어떻게 표현해야 할까.

명함에서 회사를 빼면 무엇이 남는가

"회사 이름과 직급을 빼면, 너는 무슨 일을 하는 사람이야?"

사실 회사 다닐 때 이미 받은 적 있는 질문이다. 광화문의 한 햄버거 가게에서였다. 평소에는 10개의 모니터를 두고 주식 창을 번갈아 들여다보며 5분 만에 점심을 해치우기 일쑤였으나 그날은 회사 가면을 쓰지 않아도 되는 분을 만나는 점심시간이었다. 의욕적인 인턴이었던 20대의 나를 기억하고 있는 분과의 시간.

광고대행사 팀장이었던 그분은 완전히 다른 사업을 시작한 지 몇 년쯤 되었다고 했다. 그날의 나는 그분이 기억하는 20대의 나와는 달리 점심을 먹으면서 '칼퇴'를 계획하고 그 계획에 차질이 생길까 걱정하는 직장인이었는데, 그분은 그런 내 모습을 낯설어했다.

"그런데 나이야, 너는 무슨 일을 하는 사람이야? 회사 명함에서 회사 이름, 팀 이름, 직급 다 빼고 나면 너를 무슨 일을 하는 사람이라고 설명할 수 있어?"

우물쭈물, 답이 단번에 나오지 않았다. 그럴듯한 명함을 들고 있었고, 그 명함을 가지려고 부단히 애를 썼다. 하지만 회사 이름을 빼고 나니 남는 게 하나도 없었다.

"투자 관련 일을 하고… 음… 금융 상품을 투자자들에게 설명하고…."

스스로도 확신이 없는 대답. 그때부터 고민이 시작되었던 것 같다. '계속 이렇게 일하는 게 맞나?' 그래서 1인 기업으로 출발하면서 나는 무슨 일을 하는 사람인지 이름을 붙이는 작업이 필수라고 생각했던 것이다. 우물쭈물하고 싶지 않았다. 당당하게 내 일을 정의하고 싶었다. 어떤 일을 왜 무슨 가치관으로 하는지, 일하는 사람으로서 나의 정체성을 설명하는 나만의 이름을 만들고 싶었다.

우선 명함을 보관하던 통을 헤집었다. 내가 쓰던 명함, 그동안 회사 다니며 수없이 받은 작은 종이들. 한 장한 장 넘기며 뭔가 특이한 정체성을 드러내는 것이 있나,

명함은 어떻게 생겼나 제대로 관찰하게 되었다.

회사명, 부서명. 개인의 이름, 직급, 이메일 주소, 전화번호. 이 명함을 건넨 사람이 어떤 사람이었는지 기억나는 경우도 있었지만 대부분은 그렇지 않았다. 그때 든 생각. '기억나지 않는 사람이 되기는 싫어.'

그러다 문득 눈에 들어온 단어들이 있었다. 기자, 마케터, 디자이너 같은 직업을 가리키는 명사들. 이런 명사가 일하는 사람이 속한 '카테고리'만 알려줄 뿐, 일의 철학이나 일하는 방식을 충분히 담지 못한다는 생각이 들었다.

명사가 아니라 동사로 말하라

"무슨 일 하세요?"라는 질문을 받았을 때, 자신의 일을 명사가 아닌 동사로 설명하라는 내용을 어느 책에서 보고 깊은 인상을 받은 적이 있다.

배우이자 화가, 뮤지션인 백현진은 자신을 이렇게 소개한다고 한다. "보이는 것과 들리는 것에 관계된 일을 하면서 사는 사람." JTBC의 한민용 앵커는 "저는 사람을 설득하는 일을 하고 있습니다"라고 말한다고 한다. 단순히

"배우입니다" "앵커입니다"가 아니라 내가 어떤 행위로 가치를 창출하는지 동사로 설명하는 것이다.

이렇게 동사로 정의한 일은 확장성이 커진다. '보이는 것과 들리는 것에 관계된 일'을 할 곳은 충무로일 수도, 소극장일 수도, 라디오일 수도, 유튜브일 수도 있다. '사람을 설득하는 일'은 작가로서도, 강연자로서도, 교육자로서도 가능하다. 명사는 나를 가두지만 동사는 나를 열어준다.

명사 안에 나를 가두고 싶지 않았다. 그래서 내 일에 이름을 붙이기 위한 리서치를 시작했다.

1. 레퍼런스 리서치: 나처럼 커리어와 일의 문제 해결을 돕는 사람(조직)이 존재하는가? 그들은 자신을 뭐라고 부르는가?
2. 공통점·차별점 파악: 나와 그들의 핵심 가치value 중 교집합은 무엇인가? 나는 그들과 무엇이 다른가?

이 질문에 답하는 과정에서 내가 도출한 내 일의 본질은 '사람들이 원하는 곳에서 원하는 일을 할 수 있도록 액셀을 함께 밟는 사람'이었다. 그래서 다음과 같이 내 일을 정의했다.

커리어 액셀러레이터 career accelerator: 주저하는 이들에게 '풀 액셀'을 밟아주다

'액셀러레이터'라는 단어는 스타트업의 성장을 돕는 '스타트업 액셀러레이터'를 차용했다. 스타트업 액셀러레이터가 스타트업의 성장을 가속화하듯, 누군가의 일 고민을 해결하며 성장을 가속화하는 사람. 질문을 던지고, 속도를 높여주고, 방향을 함께 찾아주는 사람. '이럴까, 저럴까' 고민하며 망설이는 사람들에게 "직진하세요. 그냥 좀 해보세요!"라고 말하며 풀 액셀을 밟아주는 사람.

마음에 들었다.

명함에 커리어 액셀러레이터라는 내 직업명과 "원하는 곳에서 원하는 일을"이라는 슬로건을 새겨 넣었다. "저는 커리어 액셀러레이터입니다. 원하는 곳에서 원하는 일을 할 수 있도록 함께 액셀을 밟는 사람이에요."

"저는 ○○○을 합니다"라고 말할 수 있을 때, 비로

소 내 일은 구체적인 형태를 갖는다. 다른 사람의 머릿속에서도, 무엇보다 내 머릿속에서도.

오롯이 나만이 존재하는 내 직업의 세계

내 일에 이름을 붙이고 나서 더 강해진 생각이 있다. 이 일이 자랑스러워야 한다는 것. 어떤 의미에서는 특별하다는 확신까지 있어야 한다는 것. 그래야 신뢰를 쌓고 그것을 계속 지켜나갈 수 있겠다고 생각했다.

　이름을 정한 뒤 주변에서 "너무 길다" "어렵다" "무슨 일을 하는지 모르겠다" 같은 피드백도 수없이 받았다. 하지만 나는 그냥 이 이름이 좋았다. 그리고 생각했다. '사람들은 어차피 남 일에 크게 관심이 없고, 내 일을 가장 많이 설명할 사람은 나일 테니 내 입에 착 붙으면 됐지, 뭐. 결과론적으로 성공하면 이름도 멋있다고 할 것이고, 실패하면 이름이 길어서 실패했다고 생각하겠지. 이름 잘 지었다는 말 들을 수 있게 내가 열심히 하면 돼.'

　무엇보다 더 이상 남이 만든 판에는 들어가고 싶지 않았다. 스스로를 정의해야 하는 창업자들 중 상당수가 기존의 카테고리에 의존한다. 프리랜서, 컨설턴트, 크리에이터 등. 나쁜 선택은 아니지만 약간 아쉽게 느껴진다. 얼추 맞지만 내 몸에 딱 맞춘 옷은 아닌 기성복처럼.

남이 만들어놓은 판 안으로 들어가면 나도 그걸 넘어서지 못한다는 생각이 들었다. 시장에 이미 나와 있는 단어를 쓰면 나는 또다시 'One of them'이 되고, 거기서부터는 다시 경쟁이라는 생각이 들었다. 누가 더 경력이 많은가, 누가 더 싼가, 누가 더 유명한가. 끊임없이 비교해야 하는 경쟁 말이다.

결과적으로 '창직創職'을 하게 되었다.

이 일을 하는 사람은 나뿐이니 이 영역을 정의하는 것 또한 나뿐이다. 이미 있는 판에 들어가기 싫어서 만든 이 길고 긴 이름이 오히려 새로운 길을 열어준 셈이다.

불안은 늘 한 걸음 뒤에서
나를 따라온다

많이 받는 질문 하나. "나이 님은 처음 이 일을 시작할 때 확신이 있었나요?" 나는 늘 이렇게 답한다.

"아니요. 확신은 전혀 없었어요. '이도 저도 아니게 되면 어쩌지?' 불안하고 초조했어요. 초반 2년쯤에는 그 불안과 초조가 특히 심했고 너무너무 답답했어요. 이 일이 잘 안 될까 봐. 결국 어디에도 내 자리가 없을까 봐."

도전에도 손절매 기준이 필요하다

증권사에서 일할 때 나는 거의 매일 이성을 잃은 투자자들의 전화를 받았다. 투자에서 돈을 잃는 이유는 딱 하나다. 손절매 기준이 없거나, 있어도 지키지 않아서. '이렇게 추락해도 기다리면 다시 올라오겠지'라는 막연한 기대로 욕심을 부려서.

주식은 늘 오르락내리락하니 기다리면 올라올 수도 있다. 하지만 많은 사람이 간과하는 게 있다. 바로 '시간'이다. 어느 정도의 시간을 버틸 수 있는가. 그 시간 동안의 기회비용은?

파생 상품을 다루고 투자자 교육이 업무 중 하나라 나는 세미나에서 손절매 기준과 시간과의 싸움을 설명하는 데 많은 시간을 할애했다. 파생 상품은 레버리지가 높아서 벌 때 많이 벌지만, 잃을 때도 롤러코스터를 탄 듯 순식간에 떨어진다. 그래서 매도 기준이 있어야 한다.

중요한 건 이거다. 투자로 돈을 벌려면 잘될 때만 생각해서는 안 된다. 잃을 때를 대비해야 한다. 자산이 '0'이 되면 돈만 날리는 게 아니다. 멘털도 부서진다. 다시 정신 차리고 자산을 불리기까지 꽤 오랜 시간이 걸린다. 그러니까 핵심은 '내가 감당할 수 있는 수준이 어디까지인가'다. 어디에서 멈출 것인가.

나는 이런 투자의 원칙이 일에도 적용될 수 있다고 생각했다.

1. 이 일을 언제까지 해볼 것인가
2. 어떤 상황일 때 멈출 것인가

일하면서 괴로운 상황 중 하나가 앞이 보이지 않는데 언제까지 해야 하는지 모를 때다.

나는 지극히 현실적인 성향이었고, 스스로 경제 생활을 영위하는 것이 중요했으며, 기약 없는 장인 정신을 발휘할 깡은 없는 평범한 사람이었다. 그래서 '그럼에도 불구하고'를 견딜 수 있는 나의 유효기간을 길지 않게 설정했다.

'자, 이 시간 안에 승부를 보는 거야.'

내가 세팅한 유효기간은 딱 2년이었다. 세상이 이토록 빨리 바뀌는데 10년, 20년 동안 할 수 있는 나만의 일을 찾아보자는 접근은 의미 없게 느껴졌다. 애초에 그만큼 끈기가 있지도 않았다.

나는 2년을 6개월, 1년 단위로 나누어 달성해야 하는 목표를 설정했다. 2년 안에 스스로 확신이 들지 않고 설정한 목표를 달성하지 못하면 이 일을 접는다. 이후에는 직장으로 돌아가거나 다른 일을 한다. 이렇게 정하고 나니 정신이 번쩍 들었다.

접기 싫었다. 다시 돌아가고 싶지 않았고, 다시 돌아갈 수 있는지도 불확실했다. 2년 뒤에 내가 일했던 업계로 돌아갈 수 있는 가능성은 사실 희박했다. 그곳에서 일할 때 나는 육아 휴직조차 하지 않았다. 아이를 낳고 출산 휴가 3개월 만에 복귀했다. 그런 업계에서 2년을 떠나 있던 사람이 비집고 들어갈 틈이 있을 리 없었다. 그렇다고 다른 업계의 회사에서 일하는 것도 그 나름대로 상상하기 힘든 일이었다.

다시 직장인이 되는 것도 힘들다면, 이 유효기간 동안 내 모든 에너지를 일에 쏟자고 생각했다. 나는 어차피 앞으로도 계속 어떤 일이든 해야 하는 사람인데, 이 일에서 승부를 보지 못하면 길을 잃고 대차게 방황할 게 분명했다. 그러고 싶지 않았다. 무엇보다 인생 최초로 내가 하고 싶고 좋아하는 일을 찾았기 때문에.

성취 목표에 나만의 가치를 더하기

여기에서 중요했던 것 또 하나는 '성취'에 대한 나만의 정의였다.

'나와 같은 고민을 하는 고객 1명이 있는가. 나는 그 고객의 문제 해결에 실질적인 도움이 되었는가.'

거창하고 대단한 목표가 아니라 내가 할 수 있고 하고 싶은 가장 작은 단위의 목표를 설정했다. 나와 같은 일 고민을 하는 사람들의 문제를 해결하기 위해 노력하고 있으니, 1명은 어떻게든 만날 수 있을 것이라고. 이를 성취하고 나면 약간 자신감이 붙는다. 그렇게 조금씩 목표를 상향 조정하면 된다.

단순히 숫자를 정하라는 것이 아니다. 여기서 중요한 건 '나는 무엇을 나의 성취로 정의할 것인가? 나의 일이 어떤 상황일 때 의미 있다고 생각할 것인가?'다.

돈을 못 버는 시기의 마인드셋

시작하고 첫해에 이런 질문을 종종 받았다.

"너 돈 안 벌어도 괜찮아?"

직장인들에게는 가장 궁금한 질문일 것이다. 따박따박 나오던 월급이 끊기면 괜찮은가. 괜찮지 않을 것 같은데 실제로 얼마나 괜찮지 않은가.

처음에는 미친 듯이 불안했다.

회사 밖으로 나와 내 일을 시작하고 가장 낯설었던 순간 중 하나는 내가 버는 돈이 '0원'이라는 것이었다. 돈, 돈, 돈 타령이 직업이었던 내가 돈을 한 푼도 벌지 못하다니.

　　안정적인 월급이 더 이상 없다는 것은 생각보다 나의 자존감에 부정적인 영향을 미쳤다. 살림도 육아도 젬병인데 돈도 못 벌다니. 쓸모없는 사람처럼 느껴져 조바심이 났다. 나를 움직이는 동기에 집중하며 의미 있고 재미있는 일을 하겠다고 선언했지만, 나 혼자만의 정신 승리에 그치는 건 아닌지 졸렸다. "너 그래서 얼마나 벌어?" 이 질문을 들을 때마다 마음 한구석이 움찔했다.

　　그런데 시간이 흘러 내 일의 중심을 잡기 시작하면서는 빠르게 안정을 찾았다. 막상 나와보니 그 불안의 원인은 돈이 아니라 '나만의 정체성을 못 찾고 여전히 헤매는 상태'였다는 것을 꺼달았다.

　　한편으로는 이런 생각도 했다. 일을 하는 이유가 꼭 돈뿐인가. 내가 좋아하는 일을 하면서 돈을 버는 것이, 왜 해야 하는지 모르겠는 일을 하며 높은 연봉을 받는 것보다 더 값진 것 아닌가.

그렇다고 돈을 포기하겠다는 건 아니었다. 오히려 반대였다. 내가 좋아하고 의미 있다고 생각하는 일을 하면서도 돈을 '많이' 벌어야겠다는 생각을 하게 되었다. 돈으로 평가한다면 거기서도 꿀리고 싶지 않았다.

나는 얼마가 필요한 사람인가

회사 인간으로서 해왔던 일이 아닌 180도 다른 일을 처음부터 새로 쌓아가느라 수입이 0원이 되었는데, 이 0원을 언제까지 버틸 수 있을지 현실적으로 생각해야 했다. 일단 내가 당장 쓰고 있는 돈이 얼마고 어디에 어떻게 쓰고 있는지 카드값을 가만히 들여다보았다. 소위 '시발비용'이 차지하는 비중이 너무 컸다.

회사를 다닐 땐 열이 확 받으면 퇴근길에 백화점에서 긁어대느라 돈 쓸 일이 많았다. 나는 작고 반짝거리는 것들로 스트레스를 풀었다. 이미 가진 게 많은데도 계속 '더' 샀다. 그 시기의 나는 물질적 풍요를 누렸을지 몰라도 정신적 풍요는 가지지 못했다.

내 일을 하면서부터는 돈 쓸 일이 현저히 줄었다. 내 일과 삶에 충족감이 드는 순간들이 많아지자 물욕도 슬슬

2장 · 독립의 조건

사라졌다.

대신 갖고 싶은 게 달라졌다. 알맹이가 단단한 사람이 되고 싶었다. 단단한 사람들에게서 뿜어나오는 그 아우라를 갖고 싶었다. 나를 찾는 사람들에게 평소 미처 생각하지 못한 다른 관점을 전하고 싶었다. 그러려면 나부터 남다른 관점을 가져야 했다. 나부터 사유의 폭이 깊어지고 경험의 범위가 넓어져야 했다.

그래도 스스로 초라해지지 않을 만큼의 계산은 해야 한다. 좋은 사람을 만나면 기꺼이 밥이나 커피를 사고, 작은 선물을 건넬 만큼의 돈은 있어야 한다. 곳간에서 인심 난다는 말은 맞는 말이다.

궁핍한 기분이 들지 않을 만큼 나에게 필요한 돈은 얼마인가. 나는 한 달에 최소 얼마가 있어야 하는 사람인가. 왜 그만큼이 필요한가. 지금 나에게는 얼마가 있는가. 얼마의 기간 동안 버틸 수 있는가. 계산기를 두드려볼 필요가 있다.

단 이 계산을 할 때 기회비용도 따져보아야 한다. 돈 대신 흘려보내야 하는 시간, 닳고 있는 나의 몸과 마음. 이것은 돈을 벌어도 메꿀 수 없는 비용이다.

그럼에도 불안이 솟구쳐 오를 때

내 일의 유효기간과 비교적 성취 가능한 수준의 목표를 세팅하고도 불안한 마음은 나를 가끔 괴롭혔다. 2년이라는 시간은 너무 길고 나이브한 것 아닐까, 1년으로 줄여야 하나, 전전긍긍하는 날도 많았다.

예전 동료가 잘나가는 것처럼 보일 때. 뭔가 열심히 하고는 있는데 앞으로 나아가지 못하는 기분이 들 때. 너는 무슨 일을 하냐는 질문에 그 설명이 왠지 길어지고 자신 없는 나를 발견할 때. 쿨한 척했지만 사실 괴로웠다. 나는 왜 저렇게 못하지, 저 사람들은 어떻게 저렇게 잘하는 거야. 여전히 '타인의 시선'과 '비교'에서 자유롭지 못했다.

그러다가 흔들릴 때, 불안하고 어찌해야 할지 모를 때는 나에게 집중하는 시간이 더 필요하다는 걸 깨달았다. 나를 잘 모르는 사람들의 말 때문에 불안하다면 그런 말을 전하는 사람들을 만나지 않는 것이 방법이었다.

내가 그 시기 집중적으로 들었던 말은 "너 하는 일 잘되겠다. 멋져. 응원해"보다는 "미친 거 아니냐. 한창 때인데 회사 다니면서 돈 벌어야지 어쩌려고 그러냐" 등이었다. 애정 어린 충고라 하더라도 그런 말들은 나에게 별 도움이 되지 않았다. 오히려 불안을 가중시키고 오기를 더 키우게 했을 뿐.

절박함이라는 엔진

'절박함'은 나의 불안을 잠재우고 나를 움직이게 했다. 지금 돌이켜 생각해 봐도 무서울 만큼 가열차게 일한 이유가 여기에 있다.

"그게 되겠어?" "네가 지금 그럴 때야?" "나이 요즘 뭐 한대?" "걔? 몰라?"

죽었는지 살았는지 모르는 사람이 되고 싶지 않았다. 소리 소문 없이 사라지고 싶지 않았다. '나 아직 죽지 않았거든.' 이렇게 살아도 괜찮다고, 일을 꾸려가는 데는 다양한 길이 있다고 증명해 보이고 싶었다. 무엇보다 나 자신에게.

절박함은 치열함의 엔진이 되었다. 그렇게 조금씩 나아가다 보면 불안이 사그라들었다.

내가 부러워하는 사람

그럼에도 불안한 마음이 생길 때마다 스스로에게 질문했다. '내가 부러워하는 사람은 어떤 사람인가?'

회사를 나와 버는 돈이 0원 수준으로 떨어지고, 이 일을 잘할 수 있을지 여전히 불확실한 와중에도 내가 부러워하는 사람은 회사의 임원 혹은 돈 잘 버는 사람들이 아니었다. 자신만의 오리지널리티가 있는 사람들, 누가 알든 모르든 자신의 비즈니스를 뚝심 있게 밀고 나가는 사람들이 대단하고 부러웠다.

자신만의 일을 해나가는 데에는 나 스스로 경험하고 깨우친 시간의 축적이 필요하다. 그렇다면 일단 내가 부지런히 쌓으면 된다. 내가 갈고 닦으면 된다. 내가 부러워하는 사람을 평생 부러워만 할 것이 아니라면, 심플하게 결론을 내리고 그것에 매진한다. 그게 내가 할 수 있는 일이라 생각했다.

우리는 스스로 응원하며 훈련해야 한다.

어떤 일을 하고,
하지 않을 것인가

도스토옙스키가《죽음의 집의 기록》에서 한 말이 있다. "인간을 완전히 짓눌러버려 가장 끔찍한 형벌을 주고 싶다면 완전히 쓸모없고 무의미한 노동을 시키는 것으로 충분하다."

내 일에 이름을 붙이고, 다양한 사람들을 만나며 알게 되었다. 내가 어떤 일을 하고, 하지 않을 것인지 그 기준과 원칙을 명확히 해야 오래 갈 수 있겠구나.

회사 인간 시절의 나는 회사의 비전이나 목표에 큰 관심이 없었다. 왜 이 일을 하는지 깊게 생각해 본 적 없이 경주마처럼 달린 대가로 결국 커리어 사춘기를 앓았다. 그럴 겨를 없이 일이 쏟아지기도 했고, 이런 생각을 하지 않아도 하루를 살아내는 데 큰 지장이 없었다. 누군가 나에게 왜 일하냐고 물으면 별 생각 없이 답했다.

"돈 벌려고."

내가 다녔던 첫 번째, 두 번째 회사의 비전은 일하는 나와는 상관없는 허공에 떠도는 말처럼 느껴졌다. 하지만 세 번째 회사는 달랐다. "일류의 방식으로 일류의 비즈니스를First-class business in a first-class way." 이 원칙은 모든 의사결정, 구성원 개개인의 일에 세세하게 영향을 미쳤다.

돈이 된다면 아무 고객이나 다 수용하는 것이 아니라 '이 고객이 우리 서비스를 이해할 수 있는가? 거래하기에 적합한가?' 리스크를 따지는 프로세스가 길었고, '왜'에 대한 답변이 시원찮으면 시원해질 때까지 일을 시작할 수 없었다. 그때 나는 속으로 '아니, 돈 벌어오겠다는데 뭘 자꾸 이유를 묻고 따지고 드는지 진짜 피곤하다'라고 생각했는데, 지나고 나서야 알게 되었다. 그렇게 따지고 든 일의 철학과 비전이 어떤 일을 하고 하지 않을 것인가, 어떻게 일할 것인가, 누구와 일할 것인가 등 모든 것에 영향을 미치는 덕분에 그 회사가 220년을 해먹고 있다는 것을.

나 역시 오래 일하고 싶었다. 그래서 나만의 일의 철

학과 비전을 정리해 보기로 했다. 노는 시간, 멍때리는 시간, 아이와 함께하는 시간도 충분히 확보하고 싶었고, 그러려면 꼭짓점에 맞는 일들을 선별할 필요가 있었다. 시작은 미미해도 결국 나는 창대해지길 바라며.

나만의 원칙을 세우다

내가 하는 일에 성취감을 느끼고 자유를 느끼려면 어떤 조건들이 충족되어야 하는지 먼저 정리해 보았다.

1. 왜 하는지 모르겠는 일에 내 시간을 쓰고 싶지 않다.
2. 충족감을 느끼며 내 일과 삶을 꾸려나가고 싶다.
3. 내가 하는 일이 1명에게라도 도움이 되고 의미가 있었으면 좋겠다.
4. 끝없는 경쟁은 더 이상 하고 싶지 않다.
5. 출근하자마자 퇴근 시간을 기다리던 삶을 반복하고 싶지 않다. 시간 가는 줄 모르고 몰입해서 일하고 싶다.
6. 일하는 시간의 주도권을 갖고 싶다.
7. 공간에 얽매이고 싶지 않다.
8. 지루한 것을 견디지 못하므로, 새로운 인풋이 계속 있

는 재미있는 일을 하고 싶다.

9. 가면을 쓰고 싶지 않다. 재미없는데 재미있는 척, 싫은
   데 좋은 척하고 싶지 않다.

10. 나라서 다르게 할 수 있는 일, 확실하게 제대로 할 수
    있는 일을 하고 싶다.

다 쓰고 보니 3가지 키워드가 도출되었다. 자유, 몰
입, 의미. 일하는 시간과 공간의 주도권을 갖고(자유), 시
간 가는 줄 모르고 즐겁게 할 수 있는 일을(몰입), 단 1명
에게라도 진짜 도움이 되게(의미) 하고 싶다는 나만의
원칙.

원칙을 정한 후에는 영향력에 집중하기로 했다. 10개
를 얕게 하는 것보다 1개를 깊이 하는 것이다. 사람들이
나를 떠올릴 때 '저 사람은 이것도 하고 저것도 하네. 그
런데 정확히 뭐 하는 사람이지?'가 아니라 '이 일은 저 사
람이지'라고 생각하게 만드는 것.

누군가 나에게 "나이야, 돈이 아쉬운 상황이어도 이
렇게 일할 수 있어?"라고 질문한 적이 있다. 나는 이 편이
낫다고 생각했다.

나만의 기준과 비전으로 그 방향에 맞는 일들을 내 주도로 선택할 수 있어야 쌓인다. 쌓여야 깊어진다. 깊어져야 차별화된다. 차별화되어야 프리미엄이 된다.

"원하는 곳에서 원하는 일을, Keep Moving!" 내가 일하는 이유를 담은 슬로건도 정해보았다. 진짜 자신이 무엇을 원하고 잘하며 어디에서 잘할 수 있는지를 찾아 계속 움직일 수 있도록 돕겠다는 선언이었다.

내 비전과 먼 일은 하지 않는다

이 일의 시작부터 지금까지 나는 내 일의 비전과 핵심에서 뻗어나간 일을 하고, 그렇지 않은 일들은 하지 않는다. 이유는 심플하다. 내가 좋아하고 잘할 수 있는 일을 더 잘하고 싶기 때문에. 아직 그 일을 충분히 잘하고 있다고 생각하지 않기 때문에. 다른 일들을 기웃대기엔 내가 하고 있는 일에서 확실히 깃발을 꽂았다는 생각이 들지 않고, 못하는 건 못한다고 솔직하게 말하는 사람으로 기억되고 싶기 때문에.

명확한 원칙이 있으면 하지 않을 일도 명확해진다. 돈이 되더라도 내가 하지 않는 일들.

첫째, VOD 서비스를 하지 않는다. 동영상 강의가 유행할 때 나도 제안을 많이 받았다. 돈을 많이 벌게 해주겠다고. 하지 않았다. 그들의 일하는 이유나 철학에 동의하기 어려웠고, 고객에게 실질적인 도움이 되는지 의문이었다. 성인을 대상으로 주입식 교육을 하고 싶지 않았고, 대단한 비법이 있는 것처럼 이야기하고 싶지도 않았다. 이 일은 '내가 해야 하는 일' 혹은 '나라도 해야 하는 일'이 아니라 '나까지 할 필요는 없는 일'이었다.

둘째, 헤드헌팅을 하지 않는다. 사람을 만나 기업과 개인의 이야기를 듣는 일을 하다 보니 스타트업 대표나 기업 쪽 인사담당자들이 요청을 해온다. 좋은 사람 있으면 소개해 달라고. 소개는 시켜드리지만 이 일로 돈을 받지는 않는다. 좋은 인재나 회사에 대한 니즈는 앞으로 더 커질 테지만, 기업과 개인, 양쪽 모두에게 돈을 받는 이상 어느 쪽에도 치우치지 않고 서로에게 좋은 결정을 해야 하는 것이 나로서는 불가능하다고 판단했다. 또한 헤드헌팅은 양질의 데이터를 얼마나 가지고 있는지의 싸움인데, 내가 남다르게 해내리라는 생각이 들지 않았다.

셋째, "○○회사 이직, 연봉 ××% 상승!" 같은 마케팅을 하지 않는다. 이렇게 홍보하면 돈을 훨씬 많이 벌 텐데 왜 안 하느냐는 말을 초반에 정말 많이 들었다. 하지만 최대한 하지 않으려고 경계한다. 사람마다 맞는 회사, 좋은 일이 다르다. 자신에게 맞는 일을 찾아가는 것이 목적인데, 연봉에 포커스를 맞추고 싶지 않다. 무엇보다 이직에 성공했다면 그건 당사자가 노력한 결과다. 아주 약간 불꽃만 일으켰을 뿐인데 내가 대단히 기여한 것처럼 떠들고 싶지 않다.

이 3가지 일이 단기적으로는 돈을 벌게 해줄지도 모른다. 하지만 장기적으로는 내가 벌 돈의 총량을 줄일 것이라 생각한다. 비전과 원칙을 지키지 않으면 일의 수명도 줄어들기 때문이다.

그럼에도 이게 먹고사는 길이다

누군가는 이렇게 생각할 수도 있다. '돈이 많은가 보네' '복에 겨워서 그런 거 아니야?' 전혀 아니다. 내가 일하는 중요한 이유 중 하나는 '생계 해결'이다. 대출, 아이 교육비 등 사방팔방 돈이 들어간다. 그럼에도 어떤 일을 하고, 하지 않을 것인가를 선별해 집중하는 것이 장기적으로 더 많이 버는 길이라고 생각했다.

대표적인 예가 일대일 세션이다. 시간당 가격을 따지면 기업 프로젝트가 더 높으니 B2B를 하라는 이야기를 초반에 많이 들었다. 그런데 나는 내가 좋아하고 잘할 수 있는 일의 관점에서 일대일을 꾸준히 했다.

고객 한 분 한 분을 만나며 일에 관한 여러 고민과 솔루션이 쌓였다. 어디에서도 쉽게 들을 수 없는 조직의 내밀한 이야기가 내게 쌓였다. 이렇게 쌓인 것이 입소문을 타고 B2B로 연결되기 시작했다. '힘들고 돈도 안 되는 일을 왜 하냐' 했는데, 꿋꿋이 해온 일이 오히려 내 일의 가치를 높이고 나를 프리미엄으로 만들어주었다.

조금 더 멀리, 길게 보는 연습

회사를 나와 자신의 일을 시작하면서 닥치는 대로 문어발식으로 일하게 되는 경우를 많이 본다. 불안해서 그런 거다. 나 역시 초반 2년 동안 '이러다 죽도 밥도 안 되면 어떻게 하지'라는 불안이 극에 달했기 때문에 그 마음을 이해한다.

하지만 이러면 첫째, 건강이 상한다. 1인 기업 초반에는 나를 쓰는 만큼 돈을 버는 구조이기에 나를 갈아 넣게 된다. 둘째, '이 일 저 일 다 한다'라는 건 '어떤 것도 뾰족하게 잘하는 게 없다'라는 말이고, 그래서는 차별화되지 않는다. 몇 년을 해도 서사나 전문성이 쌓이지 않고, 통찰과 깊이가 없어 일의 가치를 올리기 어렵다. 셋째. 그러다 보니 돈을 벌기 위해 일을 더, 더, 더 많이 하게 된다. 넷째, 결국 지치거나 쉽게 대체된다.

일의 철학이 있다고 해서 갑자기 거창하게 일하게 되는 건 아니다. 나는 여전히 안달복달, 전전긍긍, 일희일비의 아이콘이다. 상세페이지를 오픈하고 나면 하루하루 모객이 되나 안 되나 들여다보고, SNS에 글을 올렸는데 반응이 별로면 왜 이러지, 요즘 트렌드에 안 맞나 싶어 또 고민한다. 반대로 생각보다 잘되면 박수 치고 좋아하는 하루살이 같은 일상을 보내고 있다.

그래도 어떤 일을 하고, 하지 않을 것인가에 대한 기준이 있으니 조금은 중심이 잡힌다. 조금은 담대해진다. '이건 내가 하고 싶었던 이야기이니까. 하고 싶었던 일이니까. 이렇게 한 땀 한 땀 하다 보면 뭐라도 될 거야' 하는 마음으로 Keep Moving.

1인분의 일을
한다는 것

자신의 일에 대해서 무엇을 하고, 하지 않을 것인지 확실한 기준이 있는 사람을 만난 적이 있다. 바로 '최성운의 사고실험'이라는 유튜브 채널을 운영하는 최성운 PD다.

'최성운의 사고실험'은 자극적인 쇼츠가 점령한 유튜브 생태계에서 30분에서 1시간가량의 진지한 인터뷰를 하는 채널이다. 이동진 평론가, 션 베이커 감독, 황석희 번역가, 정세랑 작가 등 색깔이 뚜렷한 인사들이 최성운 PD 앞에 앉았다. 내 주변에서 일 좀 한다는 사람들은 다 이채널의 팬이다.

나 또한 즐겨 보는 채널이기에 최성운이라는 사람이 점점 궁금해졌다. 그는 'EO Korea'라는 스타트업 콘텐츠

채널에서 일하다 독립해 자신의 채널을 만든 지 1년 정도
된 5년 차 PD였다. 연차와 실력은 비례하지 않는다지만,
그가 던지는 질문의 수준과 품질로 미루어 짐작했을 때
나는 그가 적어도 8년 차 이상은 됐으리라 생각했다.

내가 특히 궁금했던 건 그의 기준이다. 조회 수나 팔
로어 수에 목숨을 거는 것 같지 않고, 자기 앞에 앉을 사
람을 아무나 섭외하는 것 같지도 않았다. 나는 그가 '어떤
일을 하고, 하지 않을 것인가'에 대한 자신만의 기준을 가
지고 움직인다고 생각했다. 그 기준 덕분에 단단한 팬층
을 형성하게 되었으리라고 보았다.

인터뷰 요청 메일을 보냈다. 인스타그램 DM, 페이스
북 메신저로도 길고 긴 장문의 메시지를 보냈다. 마침내
만남이 성사되었고, 처음 만난 자리에서 4시간을 내리 대
화했다.

영화가 아닌 유튜브를 택한 이유

"원래 저는 영화 감독이 되고 싶었어요."

대학 합격 후 기숙사에서 하루에 3편씩 영화를 보던
시절, 〈올드보이〉를 보고 그는 큰 충격을 받았다. 그리고

자신이 느꼈던 강렬한 감정, 이를 통해 무장해제되는 경험을 다른 사람들에게도 느끼게 해주고 싶다는 꿈을 품게 되었다.

전역 후 2년 동안 연극, 독립 출판, 단편 영화 제작 등 다양한 창작 활동을 실험했다. 영화 수업을 듣고 단편 영화도 만들어보았으나 스스로 거장이 될 재능은 없다는 사실을 뼈저리게 깨달았다. 예술을 하려면 굶어 죽을 각오나 압도적인 재능이 있어야 할 것 같은데 자신에게는 그 정도의 확신이나 재능이 없다고 판단했다.

타인의 자본으로 몇 년에 한 번 작품을 내는 감독의 삶이 매우 어려우리라는 현실적인 인식도 있었다. 그때 유튜브가 매력적으로 다가왔다. 영화는 결과가 나오기까지 1~2년이 걸리지만, 유튜브는 대중의 반응을 바로 확인할 수 있으니까. '내 재능이 시장에서 통하는지 바로 확인하고 싶다'라는 마음으로 유튜브 채널에 입사했는데, 첫 영상부터 30만 조회 수가 터졌다. 즉각적인 효능감과 성취감을 맛보았고, 창작으로 사람의 마음을 움직이는 재능이 있을지도 모른다는 생각에 자신감이 붙었다.

세상의 소음에 휩쓸리지 않는 원칙

"제 섭외 기준을 돈에 팔고 싶지는 않아요."

유튜브를 운영하며 수익을 발생시키는 방법은 2가지다. 광고 그리고 조회 수. 인터뷰 채널에는 여러 광고 형태가 있다. 브랜디드 광고는 출연료를 내고 누군가를 출연시키는 형태의 광고다. 즉 채널에 나오고 싶은 사람이 돈을 내고 출연하는 것이다.

"예전에 그렇게 일했을 때 영혼이 깎이는 느낌을 받았어요. 원래는 안 했을 인터뷰인데 광고를 해주니까 하는 거잖아요. 제 이름 걸고 채널까지 만들었는데, 광고를 이유로 제가 궁금하지 않은 사람을 인터뷰하고 싶지는 않았어요."

그가 지금까지 진행한 광고는 4건에 불과하다. 토스 10주년 라이브, 시디즈 PPL, 기아자동차 PPL, 어도비 브랜디드 콘텐츠. 누군가에게는 돈을 덜 버는 선택처럼 보일 수 있다. 하지만 그에게는 명확한 이유가 있었다.

"좋은 사례가 좋은 사례를 불러와요. 결국 모든 일은 좋은 사례를 몇 개 만들었느냐의 싸움이거든요. '사고실험'의 모든 영상을 보는 사람은 없고, 대부분 1개, 2개,

3개 볼 텐데 저는 그 경험들이 좋았으면 좋겠어요. 그래야 좋은 인터뷰이를 모실 수 있고, 그래야 또 조회 수도 높아질 테고요."

그는 스스로를 "미친 결과주의자"라고 표현했다. 하지만 그가 말하는 결과는 단기적인 조회 수나 수익이 아니었다.

"그다음으로 이어지지 않을 가능성이 높은 어중간한 일은 애초에 하지 말자, 힘 빼지 말고 내가 결과를 낼 수 있는 일에만 몰입하자고 마음먹었어요."

그는 쇼츠를 하지 않는 유튜브 채널은 마치 패널티를 안고 경기하는 스포츠 팀과 비슷하다고 했다. 조회 수를 올리려면 쇼츠를 해야 한다고. 하지만 그는 하지 않았다.

"쇼츠는 구독자 바깥의 집단에 채널을 노출하는 역할을 해요. 그리고 지식교양 콘텐츠가 쇼츠 조회 수를 올리려면 시청자들끼리 댓글에서 싸우게 만드는 게 좋아요. 악플과 선플이 반복해서 달리고 갑론을박이 이어져야 조회 수에 유리해요. 그런데 저는 신뢰를 기반으로 인터뷰이들을 모셔왔잖아요. 제가 좋아하는 분들을 모셔놓고 악플 달리게 하고 싶지 않았어요."

섭외, 촬영, 편집, 릴리즈의 전 과정에서 게스트가 좋은 경험을 하는 것. 이것이 그의 일하는 원칙이며, 다음 섭외를 위한 가장 중요한 자산이었다.

진심을 다해 전략적으로 움직이다

'최성운의 사고실험'은 원래 'EO Korea'의 한 코너였다. 그는 그곳에서 일하다 독립해 자신만의 채널을 만들었다. 지금 구독자는 16만 명. 결코 적지 않은 숫자지만 아직 대형 채널이라고 할 수는 없다. 그럼에도 불구하고 만만치 않은 사람들이 이 채널에 출연해 일과 삶에 대한 자신의 이야기를 솔직하고 거침없이 풀어놓는다. 섭외의 비결이 뭘까?

그는 이동진 평론가를 섭외했을 때의 에피소드를 들려주었다. 10년 전으로 거슬러 올라가는 이야기였다.

2014년, 대학생이던 그는 '왓챠'라는 스타트업에서 인턴으로 일했다. 당시 왓챠는 이동진 평론가의 별점 데이터를 들여오는 논의를 진행 중이었고, 첫 대면 자리가 잡혔다. 팀장이 그에게 말했다.

"성운아, 네가 영화도 제일 많이 알고 이동진 평론가

님도 좋아한다고 했으니까 그분께 드릴 선물을 좀 준비해
봐."

최성운 PD는 이동진 평론가가 조선일보 기자 시절
쓴 10년치 칼럼을 하나도 빠짐없이 모아 책으로 제본해
선물했다.

"저도 수집욕 같은 게 있어서요. 빠뜨리면 아까우니
까, 이왕 하는 거 하나라도 안 빠뜨리는 게 좋으니까요."

그는 담담하게 말했지만, 대체 누가 그런 정성이 가
득한, 아니 정성이 뻗치는 선물을 할까? 그런 선물을 어떻
게 잊을 수 있을까? 그의 차별화된 경쟁력은 '진심'과 '애
씀'이라는 생각이 들었다. 10년이 지난 후에도 이동진 평
론가는 최성운 PD의 선물을 기억하고 있었고, 훗날 '사고
실험' 출연으로 이어졌다.

션 베이커 감독은 어떻게 섭외했을까? 77회 칸 영
화제에서 황금종려상을 수상하고 97회 아카데미에서 작
품상, 감독상, 편집상, 각본상까지 4관왕을 차지한 거장
은 어떻게 무명에 가까운 유튜브 채널에 출연하기로 했
을까?

그는 션 베이커 감독과 그의 아내가 오랫동안 운영해

온 제작사 '크레 필름'을 찾아내 직접 메일을 보냈다.

전략은 2가지였다. 첫째, 진심의 증명. 그는 자신이 소장하고 있는 션 베이커 감독의 전작 블루레이들을 찍은 사진을 첨부했다. 단순한 미디어가 아니라, 당신의 영화 세계를 오랫동안 사랑해 온 '찐팬'임을 보여준 것이다. 둘째, 냉철한 가치 제안. 팬심만으로는 비즈니스가 움직이지 않는다. 그는 자신의 채널뿐 아니라 70만 구독자를 보유한 'EO Korea'와의 연계 가능성을 언급하며 한국 시장에서 줄 수 있는 실질적인 영향력을 어필했다.

"기본적으로는 등가 교환이니까요. 사고실험 채널에 올라가지만 EO라는 70만 유튜브 채널에도 영상을 걸 수 있어요. 그래서 그걸 건 거죠. 당신에게 드릴 수 있는 정량적인 가치가 이 정도는 될 거라고. 다만 거기에 진심의 비중을 꽤 많이 두는 거죠."

그의 전략은 유효했다. 마침내 배급사 쪽에서 인터뷰를 하겠다는 연락이 왔다.

주어진 시간은 단 20분이었다. 감독은 유럽에 있었고 영국 PR 에이전시가 시간을 분 단위로 관리했다. 그는 12개의 질문을 준비해 우선순위를 매기고, 1분 1초도 허

투루 쓰지 않기 위해 시뮬레이션을 돌렸다. 그 20분의 밀도는 그렇게 만들어졌다.

사실 나는 이 인터뷰 영상을 볼 때까지 션 베이커 감독을 잘 알지 못했다. 그 인터뷰 영상에서 내가 기억하는 부분은 2가지였는데, 하나는 "내가 좋아하는 일을 하려면 그 일의 주변에라도 계속 머물러야 한다. 그러다 보면 결국 하게 된다"라는 션 베이커 감독의 말이었다. 그리고 다른 하나는 그 인터뷰 자체에 깊이 빠져든 최성운 PD의 에너지였다. 저렇게까지 온 마음을 다해 일하는 저들은 대체 어떤 사람일까 궁금해졌다.

최성운 PD는 단순히 운이 좋은 게 아니었다. 진심과 전략. 우회로와 집요함. 내 그릇에 누구를 담을 것인지 고민하고, 그 사람을 전심전력으로 들여다보고, 기대를 뛰어넘는 것. 팬을 만들려는 의도 없이 팬을 만들게 된 건 이러한 철학과 기준 덕분이라는 생각이 들었다.

때로는 고통 속에서 내 일이 벼려진다

유튜브 채널 구독자들은 그의 질문이 좋다고 말한다. 질문을 주제로 책을 내자는 출판사들의 제안도 많이 받았다고 한다. 하지만 그는 내게 이렇게 말했다.

"저는 '질문의 예술' 같은 식으로는 절대 생각하지 않아요. 저도 복잡하고 섹시한 질문, 이상한 질문을 하다가 말아먹은 게 너무 많고요. '어쨌든 답변이 좋으면 된다. 그 답변을 이끌어낼 수 있으려면 어떻게 발버둥을 쳐야 되느냐.' 저는 이런 관점으로 생각해요."

그가 자부하는 채널의 최고 강점은 따로 있다.

"기획, 진행, 편집을 혼자서 다 하는 거요. 그 사이에서 커뮤니케이션 비용이 없고 최적화가 너무 잘되어 있는, 한 사람의 내면에서 일어나는 수식. 이게 엄청난 경쟁력이라고 저는 생각해요."

섭외 메일을 쓰고, 사전 조사를 하고, 질문을 짜고, 촬영하고, 편집하고, 릴리즈까지 모든 과정을 혼자 한다. 이 과정을 해내느라 그는 일주일에 80~100시간을 일했다.

"70시간, 80시간까지는 어떻게 저를 갈아 넣어서 하는데, 100시간을 하던 진짜 안 된다는 걸 느꼈어요."

한 번은 벚꽃이 질 무렵, 일주일 만에 1.5평 작업실 밖으로 나와 산책을 하다가 벚꽃을 보며 엉엉 울었다고 했다.

"가족도 다 멀리 있고. 나 혼자 여기서 뭐 하는 짓이지? 정말 그 순간에는 '이러다 죽겠다' 싶더라고요."

궁금해졌다. 기획, 진행, 편집 혼자 다 하면 물리적인 시간이 많이 드는 건 둘째 치고 내가 나오는 장면을 어떻게 편집할지 고민하게 되지 않을까? 그는 대수롭지 않은 듯 말했다. 자아를 분리한다고. 'PD 최성운'과 '진행자 최성운' 자아가 따로 있다는 것이다.

"진행자 최성운은 제가 만들어낸 도구예요. 극단적으로 말하면 질문을 위해 만들어낸 거죠. 촬영할 때는 당연히 제 이야기도 많이 해요. 하지만 편집할 때는 PD 최성운이 그걸 다 쳐내는 거죠. 진행자 최성운에게 누구보다 엄격한 건 PD 최성운이에요."

왜 그렇게까지 하느냐고 물었더니, 이렇게 답했다.

"진행자가 자기 이야기를 하면 꼴 보기 싫잖아요. 저는 아무도 모르는 사람이고, 사람들은 기본적으로 인터뷰이에게 흥미가 있어서 오는 거니까. 인터뷰이의 이야기를 잘 이끌어내는 역할만 해야 되고, 그 외에 불필요한 건 다 잘라야 된다고 생각해요."

1인분 몫을 해낸다는 것

그는 1년 동안 그렇게 자신을 갈아 넣으며 단 하나의 목표를 향해 달렸다. 'BEP 맞추기.' 이 채널로 최소한 자신의 월급은 벌 수 있다는 걸 증명하는 것이었다.

일의 기준과 철학에 대해 이야기하면서 그도 나도 가장 많이 말한 단어가 바로 '밥벌이'였다. 밥벌이가 되어야 내가 하고 싶은 걸 계속할 수 있다. 그는 그걸 명확히 알고 있었다. 나에게 그가 말하는 밥벌이는 '절실함'으로 들렸다.

일단 이 일을 하기로 선택했기에 최선을 다하고, 어떻게 버는가에 초점을 맞춰 스스로에게 부끄러운 일을 하지 않으며 그 와중에 나 자신도 책임지는 절실함.

밥벌이와 1인분의 몫을 해내는 것에 대한 이야기를 나누다 최근 KTX를 타고 이동하는 길에 우연히 들은 대화가 생각났다. 사원급 직원이 "요즘 1인분을 못 하고 있는 것 같아서 걱정이다"라고 말했는데, 과장이나 차장 정도로 추정되는 분이 이렇게 답했다. "네가 무슨 1인분을 해. 0.6인분 정도나 대충 해. 네가 1인분을 할지 말지는 네가 아니라 임원들이 결정하는 거야."

과연 이 말에 1인분을 못 해서 걱정이라는 분은 안심했을까? 나는 그가 안심하지 않기를 바랐다. '1인분을 해야 해요. 언제까지 그 회사에서 임원들이 지시하는 것만할 건 아니잖아요.'

최성운에게 1인분은 명확했다. 자기 월급을 벌어내는 것. 그게 안 되면 이 일을 계속할 수 없다는 명확한 현실 인식.

"저한테는 좋아하는 것과 싫어하는 것에 대한 선택지가 없어요. 되는 것 아니면 안 되는 것이고, 되게 하려면제 그릇의 크기를 키워야 해요. 그 방법뿐이에요. 그릇이작으면 거기 담을 수 있는 게 적어지니까."

내 그릇에 무엇을 담을 것인가. 내 그릇의 크기를 어떻게 키워갈 것인가. 그가 일관되게 말하는 핵심이었다.

"2027년까지요."

마지막으로 언제까지 이 일을 할 거냐고 물었을 때그가 대답했다.

"2027년까지 이 채널을 제대로 만들어보고 싶어요.그때까지 전력으로 해보고, 그다음은 그때 가서 생각하려고요."

2장 · 독립의 조건

예고편을 틀어주고 떠나고 싶다고 했다. 사고실험이 어떤 채널인지, 어떤 인터뷰를 했는지, 어떤 기준으로 일했는지, 앞으로는 뭘 하고 싶은지 보여주고 싶다고.

"제가 지금 하는 일이 3년 뒤에도 의미가 있을까요? 모르겠어요. 하지만 지금은 의미 있다고 믿고 하는 거죠. 2027년까지는 이 믿음을 지키고 싶어요."

우리는 시계를 보고 깜짝 놀라서 자리에서 일어났다. 1시간 남짓 소요될 거라며 인터뷰를 요청했는데 4시간이 훌쩍 지나 있을 줄 나도 몰랐고 그도 몰랐다. 역시 자기 일의 기준과 철학이 있는 사람과의 대화는 시간 가는 줄 모르게 즐겁다.

어떤 일을 하고 하지 않을 것인가. 내 일의 기준과 원칙은 무엇인가. 이 질문이 1인 기업에는 사치처럼 느껴질 수도 있다. 하지만 나는 이 인터뷰를 통해 하고 싶은 일을 오래 하려면, 밥벌이를 하며 나를 책임지려면 오히려 반드시 답해야 하는 질문이라는 확신이 들었다. 나를 믿고 지지하는 고객을 만들고 싶다면 더더욱. 우리는 누가 무슨 이야기를 왜 하는지, 그 서사에 반응하는 시대를 살고 있기 때문이다.

3장
생존의 기술

나의 가치만큼
돈을 벌고 싶다면

경쟁력은 결국
'다름'이 만든다

1인 기업을 시작한 뒤 종종 이런 질문을 받았다. "그래도 좋은 회사 다녔던 덕을 좀 보지 않았나요?" 내 대답은 늘 단호하다. "천만의 말씀입니다."

회사 간판의 유효기간은 길어야 3개월, 넉넉잡아 6개월이다. 전 직장은 내가 이상한 사람이 아니라는 신원 보증 정도는 해주었지만, 그 이상은 아니었다. 물론 막 시작한 입장에서 끌어다 쓸 수 있는 건 다 동원해야 하기에 마케팅적으로 활용은 했다. 그렇다고 그게 내 생존을 보장해 주지는 않았다.

1인 기업으로 생존하는 데 훨씬 중요한 건 '그래서 당신이 나에게 무엇을 줄 수 있는가' '당신의 서비스가 내 돈과 시간을 쓸 만한 가치가 있는가'를 증명하는 일이었다.

사람들은 쉽게 지갑을 열지 않는다. 도파민 터지는 콘텐츠가 널린 세상에서, 재미도 없고 도움도 안 되는 것에 시간을 쓸 사람은 없다. 시장은 냉정하다. 고객이 돈과 시간을 지불하면 그 이상의 가치를 내놓아야 지속 가능한 게 비즈니스다. 있어 보이는 경력, 과거의 명함만으로는 어림도 없다.

회사를 몇 년 다녔든 조직을 나오면 모든 것은 리셋된다. 신입사원이 처음부터 일을 잘할 수 없듯 홀로서기도 마찬가지다. 과거에 임원이었든 팀장이었든 중요하지 않다. 이제는 미팅 장소를 잡고, PPT 템플릿을 만들고, 명함 오타를 수정하는 일부터 직접 해야 한다.

특히 큰 조직에 오래 있었던 사람일수록 이 '짜치는 일'들을 견디지 못해 힘들어한다. 완성도 높은 결과물만 보다가 초라하고 투박한 내 첫 제품을 마주하는 것도 고역이다. 하지만 남이 해줄 수 없는 일이다. 바닥을 다지는 과정을 견디지 못하면 시작조차 할 수 없다.

기억하자. 나를 증명하는 건 과거의 명함이 아니다.

지금 내놓는 결과물뿐이다.

똑같은 방식으로 싸워서는 이길 수 없다

홀로서기를 결심하고 시장을 둘러보는데 좌절감이 먼저 밀려왔다. 내가 하려는 일을 이미 10년, 20년씩 해온 전문가들이 수두룩했다. 채용, 평가, 보상, 리더십, 조직문화 같은 키워드를 선점한 HR 전문가들, 수십만 팔로어를 거느린 인플루언서들. 그들 틈에서 나는 한없이 초라해 보였다. 말주변도 없고, 심오한 철학도 부족하고, 얄팍하게 살아온 회사원 같아 후회의 늪에 빠지기도 했다.

그때 누군가 "마음속에 경쟁자를 세워봐"라고 조언했지만, 나는 경쟁이라는 단어만 들어도 알레르기 반응이 일어나는 듯했다. 이미 견고한 성을 쌓은 그들과 똑같은 방식으로 싸워서는 승산이 없다고 생각했다. 그들처럼 하면 어차피 경쟁력이 없었다.

그래서 생각을 바꿨다. 경쟁하고 싶지 않다면 나만의 '다름'을 구축하면 된다. 누군가와 비슷한 일을 그보다 조금 더 잘하려 애쓰는 게 아니라 아예 나만의 게임을 만드는 것이다. 그렇다면 어떻게 다르게 할 것인가? 나는 지나온 시간, 내가 겪은 경험을 재해석하며 답을 찾았다.

나는 증권사에서 기업 실적을 분석하고 산업 트렌드를 읽으며 투자자들을 설득하던 사람이었다. 이 경험은 HR 시장에서 나만의 무기가 되었다. 남들이 "당신은 이런 성향이니 이런 일이 맞아요"라고 말할 때, 나는 비즈니스 모델과 매출, 이익의 흐름을 함께 분석했다. "지금 이 산업의 흐름과 회사의 구조를 볼 때 당신은 이런 곳에서 더 의미 있게 성장할 수 있습니다"라고 말하며 전략적 의사결정을 도왔다. 감성적인 위로 대신 증권사에서 클라이언트에게 투자 전략을 브리핑하듯 논리적인 커리어 솔루션을 제시한 것이다.

조직문화를 이야기할 때도 마찬가지다. 나는 4000명 이상의 직장인을 만나왔고, 그들이 회사에 말하지 못한 '진짜 퇴사 사유'를 알고 있다. "건강상의 이유로요" "공부 좀 하려고요"라는 뻔한 멘트 뒤에 숨은 "성장 기회가 없어서" "팀장이 지긋지긋해서" "이 일의 의미를 못 찾겠어서"라는 날것의 진실. 나는 인사팀이 놓치고 있는 이 진짜 이야기를 근거로 조직이 어떻게 변해야 하는지를 이야기했다. 이것이 나의 다름이었다.

내 강점을 무기로 만들기

많은 사람이 퇴사한 후에도 자신의 약점에 집중한다. "저는 HR 경력이 없어서요." "영업은 안 해봐서요." "전문성이 부족해서요." 틀렸다. 약점이 아니라 강점에 주목해야 한다. 5년, 10년, 15년 회사를 다니며 쌓은 역량 중 별것 아니라고 여겼던 바로 그 역량이 나만의 무기다.

기자 출신이라면? 팩트를 정리하고 헤드라인을 뽑던 능력으로 '글쓰기'를 다르게 가르칠 수 있다. 영업을 오래 했다면? 사람의 심리를 읽고 타이밍을 잡는 현장의 직관이 있다. 재무를 다뤘다면? 숫자 뒤에 숨은 회사의 진짜 상태를 읽는 눈이 있다. 프로젝트 매니징을 했다면? 복잡한 이해관계를 뚫고 데드라인을 지켜내는 조율 능력이 있다.

각자의 영역에서 당연하게 여겼던 그 감각들은 결코 당연하지 않다. 남이 하는 방식을 따라 하면 영원히 2등이다. 하지만 내 경험을 살려 내 방식으로 풀어내면, 그 영역에서는 내가 1등이 된다. 아니, 경쟁 자체가 무의미해진다. 나만의 게임을 하는 것이니까.

3장 · 생존의 기술

생각하고 몰입하며 많이 실패할 것

물론 이 '다름'이 하루아침에 완성되지는 않는다. 서핑을 잘하려면 물을 먹어가며 파도를 타봐야 하고, 야구에서 안타를 치려면 타석에 많이 서봐야 한다. 1인 기업도 똑같다. 내 제품이 시장에 먹히는지 알기 위해서는 일단 많이 해보는 수밖에 없다.

나 역시 초반 3년간은 주 80~100시간을 일했다. 하루에 많게는 10명, 주 3회 이상 일대일 상담을 진행하며 내 가설을 검증하고 시장의 반응을 살폈다. 그렇기 내 일의 빅데이터를 쌓으며 '누가 내 이야기에 반응하는가' '무엇이 소구되는가'를 파악했고, 이를 바탕으로 리더십 주제로까지 확장할 수 있었다.

단순히 시간만 쏟아붓는다고 되는 일은 아니다. '생각하는 몰입'이 필요하다. 한 번은 예능 프로그램에서 김연경 선수가 후배들을 다그치는 장면을 인상 깊게 보았다. 그녀는 계속 외쳤다. "생각을 하면서 해, 생각을! 그냥 하지 말고. 전략과 작전의 의미를 생각해야지. 파이팅은 그다음이야!"

1인 기업도 마찬가지다. 아무 생각 없이 하면 맨날 제

자리다. 이 일을 왜 하는지, 어떤 의미가 있는지, 어떻게 해야 더 나은 결과를 만들지 끊임없이 생각해야 한다. 실수를 했더라도 자책하는 데 시간을 쏟지 말아야 한다. 그 시간에 데이터를 쌓고 다음 시도를 하는 게 낫다.

회사 밖 내 일을 시작한다는 것은 다시 신입이 되는 것이다. 생각하고, 몰입하고, 많이 시도하자. 무엇보다 내 경험을 과소평가하지 말고 나만의 무기로 삼아야 한다. 그 안에 나만이 할 수 있는 '다름'이 있다. 그것이 회사 간판이 사라진 야생에서 나를 지켜줄 가장 강력한 경쟁력이다.

AI 시대에 '다름'이 더 필요한 이유

요즘 인터넷 커뮤니티를 보면 신기한 광경을 본다. 어떤 경험을 해본 적 있냐고 묻는 글이나 특정 사건에 대한 각자의 생각을 묻는 글에 댓글로 챗지피티나 제미나이에 물어보고 답변받은 내용이 담긴 캡처가 달리는 것이다. AI 성능이 더 발전하면서 생각을 '외주' 줘버린 사람들이 점점 많아지고 있다.

일할 때도 마찬가지다. 내 생각 하나 없이 "이 일은

3장 · 생존의 기술

어떻게 할까?"라고 물으면 AI는 온갖 데이터를 모으고 추리고 요약해서 답을 알려준다. 그 답은 정답이거나 정답에 근접하지만, 결국 타인의 것이다. 근본적으로 AI는 "다른 사람들은 보통 이런 생각을 하고, 이런 방식으로 문제를 해결한다"라고 말해주기 때문이다.

나도 AI를 많이 쓴다. 아이디어가 안 떠오를 때 AI에 이것저것 물어보다가 괜찮은 걸 찾기도 한다. 하지만 그 답이 나를 대변한다고는 생각하지 않는다.

여러 번 강조했듯이 독립하고 나면 '다름'이 나의 가장 큰 무기다. 내 생각 없이 AI나 남의 조언에 의지하면 이 무기는 결코 얻을 수 없다. 내 고민과 경험의 서사에 축적된 나만의 관점이 있어야 한다. 출발점이 같으면 도착점도 비슷해진다. 비슷한 질문을 던지면 비슷한 이력을 가진 사람들은 결국 비슷한 답을 받게 된다. 차별화는 시작도 못 해보고 비슷한 사람들과 경쟁하는 것이다.

질문을 바꿔야 한다. "나 뭐 하면 좋을까?"로 시작하면 AI가 만든 틀 안에서 움직이는 사람이 된다. "나는 이런 강점을 가지고 이런 문제를 풀고 싶은데, 이걸 어떻게 구체화할 수 있을까?"로 시작하면 AI는 강력한 조력자가 된다. 출발점이 AI냐, 나냐. 이 차이가 결과를 가르고 다름을 만든다.

AI 시대가 요구하는 역량은 단순히 답을 잘 찾아내는 게 아니다. 얼마나 다르게 질문하는지, AI가 도출한 답 너머를 볼 수 있는지 그리고 얼마나 빠르게 실행할 수 있는지다.

봉준호 감독은 "가장 개인적인 것이 가장 창의적인 것이다"라고 했는데, 나는 이 말이 불변의 진리라고 생각한다.

혼자서 돈 벌기 어려운
이유

정말 돈을 벌 생각이라면 내가 잘하는 일을 해야 한다. 그러니까 하고 싶은 일로는 돈 벌기가 불가능하다는 게 아니라, 그 하고 싶은 일을 잘하는 수준까지 끌어올려야 한다는 뜻이다. 나 자신이나 가족을 부양하는 데 필요한 돈을 벌려면 이것이 가장 빠른 길이다. 내가 잘하는 일로 길을 닦아 놓으면 하고 싶은 일을 시도하는 시간을 벌 수 있다.

1인 기업은 해야 하는 일, 잘하는 일, 하고자 하는 일을 적절히 섞을 수 있어야 한다. 어떤 일은 돈을 벌기 위해 하고, 어떤 일은 나의 재미와 보람을 위해 하고, 어떤 일은 또 다른 이유로 하는 식으로 말이다. 한편 내가 받는 돈만큼, 내가 부르는 값만큼, 아니 그 이상으로 일을 잘해야 한다. 그래야 다음이 있다.

혼자서 돈을 벌기 어려운 이유가 바로 여기에 있다. 하고 싶은 일을 잘하는 것에도, 일의 포트폴리오를 쌓는 것에도 정답은 없고 시간이 걸린다. 내가 회사 다닐 때 시도하고 실패하며 데이터를 축적하라고 이야기하는 것도 이러한 이유에서다.

나의 선택과 결정이 그대로 돈이 되는 게 1인 기업이다. 하지만 순간순간 이 답이 맞는지 100% 확신할 수는 없다. 그럼에도 불구하고 하루하루 살아내야 하는 것이다.

'얼마나 버는지'보다 '얼마나 덜 쓰는지'가 먼저

1인 기업을 준비하는 사람에게는 이 공식을 기억하라고 자주 말하곤 한다. 나는 "돈을 벌려면 어떻게 해야 하나요"라는 질문에 늘 "비용에 초점을 맞추세요"라고 답한다. 그리고 간단한 다음 공식을 꼭 기억하라고 말한다.

이익 = 매출 − 비용

매출을 만들어내는 건 어렵지만, 비용을 통제하는 건 비교적 쉬운 일이다.

회사를 나오면 모든 것에 다 내 돈이 들어간다. 당연하게 누리던 A4 용지, 명함, 점심 식대, 야근 식대, 교통비, 명절 상여나 선물까지 전부. 내가 가장 아까웠던 돈은 4대 보험료, 그중에서도 건강보험료였다. 회사 다닐 때도 냈던 돈일 텐데, 월급에서 공제되니 미처 인지하지 못했던 듯하다. 이 돈을 통장에서 빼자니 어찌나 아깝게 느껴지던지. '나는 잘 아프지도 않아서 병원은 1년에 열 손가락 안에 꼽힐 정도로 안 가는데 왜 건강보험료를 내야 해. 아, 피 같은 내 돈!'

비용을 얼마나 통제하느냐에 따라 버티는 기간이 달라진다. 비용을 늘리는 요인은 무엇이고, 어떻게 관리해야 할까? 몇 가지 팁이 있다.

첫째, 사무실 없이 일한다. 나도 사무실이 없다. 여의도에서도 일하고 한남동에서도 일한다. 강남에 갈 때도 있고 제주에서 일할 때도 있다. 노마드를 추구해서는 아니다. 사무실 비용을 줄이고자 했던 선택이 지금까지 이어졌다. 사무실을 구하면 월세 50만 원, 100만 원을 더 벌겠다고 아등바등 일할 것 같았고, 그 돈이면 책을 사거나 뭔가를 배우거나 만나는 분들에게 선물을 하는 게 더 낫다고 생각했다. 즉 투자 비용으로 전환한 것이다.

공유 오피스에서 일하는 것도 방법이고, 좋아하는 카페에 가는 것도 방법이다. 집에서 집중 근무 시간을 설정할 수도 있다. 본인에게 맞는 방법을 택하면 된다. 나는 산만한 성향이라 소음과 차단되어 혼자 몰입할 수 있는 공간을 찾는 편이다. 내가 원하는 장소에서 일하는 것, 이것 또한 1인 기업의 장점이지 않을까?

둘째, 고정비를 너무 빨리 고정하지 않는다. 1인 기업을 시작하며 가장 많이 하는 실수가 고정비를 너무 빨리 만들어버리는 것이다. 사무실 월세, 정기 구독 서비스, 직원, 장비 할부… 버는 돈은 하나도 없는데 매달 비용이 나가기 시작하면 사람이 초조해진다. '아, 나 돈 벌어야 하는데' 하며 동동거리게 된다. 그러면 제대로 된 판단을 하기 어렵다.

급하게 제품을 만들다가 퀄리티가 떨어지고, 급하게 고객을 찾다가 가격을 낮춰서 내 가치를 깎는다. 그러니 매출 변동성이 클 수밖에 없는 1인 기업이라면 비용이라도 일정하게 통제하는 것이 좋다. 특히 초반에는 더욱 그렇다. 그래서 나는 자기 비즈니스를 시작하는 사람에게 늘 공간부터 덜컥 계약하지 말라고 조언한다.

직장인 미술 심리 치료를 내 비즈니스로 한다면, 덜컥 학원을 오픈하지 말고 일단 공간 대여 업체를 찾아보자. 지역 커뮤니티 센터에서도 공간을 대여할 수 있다. 유튜브 크리에이터가 되고 싶다면 당연히 집에서 시작해 볼 수 있다. 요가나 필라테스도 공간을 대여하는 방법을 먼저 고려해 볼 수 있다. 상권, 유동인구, 주변 거주자 연령 등을 조사하기도 전에 덜컥 계약서부터 쓰지 말라는 것이다.

핵심은 비용을 태우기 전에 먼저 내 비즈니스가 시장에서 승산이 있는지 테스트하는 것이다. 최적화 테스트를 충분히 해본 뒤에 별도의 공간이 필요하고 그 비용을 감당할 수 있다는 판단이 서면 그때 공간을 임대해도 늦지 않다.

매출 변동성이 크다면 비용이라도 일정하게 통제해야 한다. 가능한 한 쓰지 않아도 되는 돈은 쓰지 않는 것이다. 내 일을 해나가는 데 '있어빌리티' 따위는 중요하지 않다. 어디서든 언제든 일할 수 있는 1인 기업의 자유와 책임을 충분히 테스트해 보시라.

그렇다고 해서 스크루지 영감처럼 전전긍긍 돈을 틀어쥐고 아무 데도 쓰지 말라는 것이 아니다. 앞서 말한 것처럼 나를 위한 투자 비용과 단순 비용을 나누고, 단순 비용은 아끼고 투자 비용은 쓰는 게 옳다는 생각이다.

결과만이 매출이 되는 1인 기업의 세계

내 제품 혹은 서비스의 가격을 정하는 건 내 역량과 실력의 경쟁력을 객관적으로 알아가는 과정이다. 그래서 더 어렵다. 회사에서는 일을 하든 딴짓을 하든 일하는 과정 자체로도 일정 수준의 월급을 받았다면, 1인 기업의 매출은 대부분 결과에서 온다.

그래서 일하는 과정은 순전히 나의 투자 기간이다. SNS나 크라우드펀딩을 통해 내 과정을 공유하는 게 돈이 되는 시대이기는 하지만, 사실 이렇게 되기까지도 준비가 필요하다. 그렇다면 이 투자 기간을 어느 정도까지 버틸 수 있는가? 이 기간은 사람을 불안하게 하지만, 이때 내실을 단단하게 다진다면 한 번 발생한 매출을 오래 유지할 수 있다.

한편 매출은 기본적으로 다음과 같은 공식으로 정해
진다.

내 제품 가격 × 판매량 = 매출

그러니 매출을 발생시키려면 먼저 제품이 있어야 하
고, 그 제품의 가격을 정하고 판매량을 늘리는 방안을 고
민해야 한다.

누가, 언제, 얼마에
살 것인가

나는 내 제품의 가격을 정하는 게 늘 어려웠고 지금도 여전히 어렵다. 얼마를 받아야 적정선일까? 사람들이 이 가격을 지불할까? 처음 시작할 때는 더 막막했다. 소비자로만 살았던 내가 생산자가 되는 건 낯선 기분이었다.

가격을 너무 낮게 책정하는 건 내 가치를 스스로 깎아내리는 것 같아 망설여졌고, 너무 높게 잡는 건 아무도 제품을 찾지 않을까 봐 두려웠다. 주관적인 가치의 저울 위에서 적정선을 찾는 일은 늘 조심스럽고 어려울 수밖에 없었다. 그래서 내가 내린 결론은 고객이 지불한 가격보다 더 많은 것을 얻었다, 가치가 있다고 생각하게 만들어야 한다는 것이다. 그러려면 고객을 잘 알아야 한다. 그들에게 공감하고, 그들의 문제 해결에 기여해야 한다. 그들이 나를 통해 무엇을 얻는지 명확한 가치 측정이 되어야 한다. 그리고 실제로 고객이 지불하는 돈보다 더 많은 것을 주고자 열과 성을 다해야 한다.

또한 고객에게 왜 이 가격인지 설득력 있게 말하려면 내가 누구인지, 내가 해결할 수 있는 문제가 무엇인지, 나를 만나면 고객에게 어떤 변화가 생기는지, 그들은 왜 돈과 시간을 써서 내 제품을 이용해야 하는지 나부터 명확히 알고 있어야 한다.

가격을 정한다는 건 결국 '내가 전하는 가치를 얼마나 명확히 설명할 수 있는가'의 문제다.

가격 범위의 힌트를 얻는 법

내 제품에 구체적으로 얼마를 매겨야 할까? 나는 일단 내 서비스와 비슷한 가치를 제공하는 다른 서비스들의 가격을 살펴봤다. 나의 경우 변호사, 컨설턴트, 회계사의 시간당 가격을 확인했다.

코칭, 강의, 멘토링 등 교육 서비스나 자기계발 서비스들도 참고했다. 한국뿐 아니라 글로벌 서비스의 가격도 분석해 보았다. 상상력을 좀 더 동원해 엔터테인먼트 업계와 병원도 많이 참고했다. 어떤 제품 라인업이 있고 가격이 각각 어떻게 되는지. 일대일 레슨, 워크숍, 정규 과정까지 가격 차등화가 어떻게 되어 있는지 분석하면서 힌트를 얻었다.

내 제품과 유사한 제품이 활발하게 유통되는 글로벌 시장, 미국이나 호주도 조사했다. 내가 하려는 일과 관련된 시장이 크게 활성화된 곳이라 서비스가 다양했다. 제공하는 사람이 누구인지, IT 기술이 어느 정도 적용되었는지에 따라 가격도 천차만별이었다. 나는 한국의 문화나 서비스를 받아들이는 속도를 고려해 가격에 반영했다. 요즘은 긱 이코노미를 중개하는 플랫폼도 많아서 힌트를 얻는 게 가능하다. 나처럼 리서치를 하다 보면 대략적인 범위가 잡힐 것이다.

가장 중요한 건 내 고객의 지불 능력

리서치를 통해 시장 가격대를 파악했지만 가장 중요한 건 따로 있었다. 바로 타깃 고객의 지불 능력이다.

아무리 좋은 제품이어도 타깃이 그 가격을 낼 수 없

다면 팔리지 않는다. 반대로 타깃의 지불 능력이 충분한데 가격을 너무 낮게 책정하면 내 가치를 스스로 깎는 것이다.

나를 찾는 고객들을 생각해 봤다. 어떤 회사를 다니고 있을까? 얼마나 벌고 있을까? 자기 자신을 위해 평소에 무엇을 할까? 그 서비스에 쓰는 돈은 어느 정도일까? 어떤 구독 서비스를 이용할까? 그 구독 서비스에는 얼마를 쓸까? 자기계발 커뮤니티는 어디를 얼마나 가며 그런 모임에 쓰는 돈은 얼마일까? 이 질문들에 대한 답을 구체적으로 내보았다.

심지어 이런 요소도 분석했다. 많은 사람이 나를 만나기 전에 사주나 타로, 심리 상담, 정신과 상담까지 받았다고 고백하는데, 그렇다면 용하다는 철학관은 얼마를 받을까? 심리 상담이나 정신과에서는 뭘 해주며 가격은 얼마일까? 나는 그들과 어떻게 다를까?

여기서 중요한 건 '경쟁'이 아니라 '대안'이라는 관점이다. 절대적인 가격 그 자체가 아니라 고객 개개인이 느끼는 상대적인 가치에 집중해야 한다는 것이다. 나는 용하다고 소문난 사주집이나 심리 상담, 정신과 혹은 변호사나 컨설턴트와 직접 경쟁하는 것은 아니다. 그러나 고객 입장에서 생각해 볼 수 있는 대안의 가치들을 내가 정확히 알고 있는 것과 모르고 덤비는 것은 천지 차이다.

1인 기업의 가격 전략, 박리다매 vs. 프리미엄

일반적으로 가격 전략은 둘 중 하나다. 박리다매 혹은 프리미엄. 중간 가격이 사라지는 시대다. 사람들은 가성비가 확실한 제품 아니면 나라는 사람에게 맞춰진 프리미엄 제품을 소비한다.

이 모든 건 브랜딩과도 연결되어 있다. 박리다매든 프리미엄이든 고객들의 마음에, 기억에 남는 한 줄이 있어야 어떤 쪽으로든 매출을 일으킬 수 있다.

1인 기업은 모든 일을 혼자 다 해야 하기에 박리다매보다는 프리미엄으로 가는 편이 제품의 질이나 기타 다양한 상황을 컨트롤하기에 용이하다. 이때 기억해야 할 건 가격이 비싸다고 프리미엄이 되는 게 아니라는 것이다. 고객이 그 가격을 지불할 만하다고 느껴야 프리미엄이 된다. 에르메스 버킨백의 원가가 1000달러고 디올 북토트의 원가가 53달러라고 해도 브랜드의 가치와 경험을 향유

하기 위해 30배가 넘는 가격을 지불하는 것처럼.

가격 전략을 선택했고, 고객도 어느 정도 확보한 상황에서 매출을 높이고 싶다면 제품의 가짓수를 늘리거나 가격을 점진적으로 올려야 한다. 이때 가격을 올리는 선택을 한다면 먼저 서비스의 품질, 즉 나의 내공이 깊어져야 한다. 즉 이 또한 고객이 느끼는 가치가 높아져야만 가능한 전략이다.

내 주력 상품은 단연코 일대일 코칭인데, 가격을 올린 시점은 고객들이 "해주시는 것에 비해 가격이 싼 것 같아요. 좀 더 받으셔드 되지 않을까요"라고 말했을 때 혹은 예약이 너무 밀려서 고객들이 2개월 이상 대기하는 상황이 생겼을 때였다.

가격은 내가 아니라 고객과 시장이 정한다. 내가 할 일은 내 제품이나 서비스를 사용하는 게 고객에게 어떤 의미인지, 어떤 변화를 경험할 수 있는지 설명하는 것이다. 그리고 고객과 시장이 가격에 대한 신호를 보낼 때 그 신호를 정확하게 읽어내는 것이다.

결국 가격은 숫자가 아니라 이야기다. 내가 전하는 가치의 이야기, 그리고 고객이 경험하는 변화의 이야기.

그 이야기가 설득력 있을 때 사람들은 지갑을 연다.

매출, 다각화할 수 있을까

제품을 판매하는 것 외에도 다른 방법으로 매출을 발생시킬 수 있다면, 그 방법이 무엇일지 연구해 볼 필요도 있다.

P가 유료 뉴스레터를 발행하고 있다고 하자. 그의 매출은 기본적으로 구독료일 것이다. 그런데 뉴스레터에 누군가가 광고를 싣고자 한다면? 광고 수수료도 P의 매출이 될 것이다.

이를 가능하게 하는 건 바로 '영향력'이다. 1인 기업의 과제는 '영향력을 어떻게 확장시킬 것인가'다. 마냥 광고료를 태우며 신규 고객을 확보할 수는 없다. 고객이 나를 다시 찾게 하고, 입소문이 나고, 고객을 팬으로 만드는 과정에서 확보된 영향력은 기존 매출을 보장해 주고 P의 광고 수수료처럼 다른 각도의 매출로 돌아온다. 즉 '리텐션retention 전략'이 필요하다. 물론 쉬운 일은 아니고, 나 또한 계속 고민하고 있다.

내 가치를 지키는
협상 가이드

내가 하고 싶은 일을 하면서 내 일의 영향력을 키우고 비
즈니스를 이끌어가고 싶다면 협상에 능해야 한다. 그리고
협상을 잘하려면 다음 4가지가 필요하다.

1. 나를 대체할 수 있는 사람이 시장에 있는지 알아야 한
   다. 공급은 적고 수요가 많을수록 협상력이 커진다.
2. 나의 차별화 포인트를 설명하고 판매할 수 있어야 한다.
3. '싫으면 말고' 정신이 필요하다.
4. 돈, 숫자 그 자체보다 내가 이 일을 통해 어떤 포트폴
   리오를 쌓을지에 대한 기준이 필요하다.

자, 각 항목을 하나씩 이야기해 보자.

나를 대체할 수 없을 때 협상력이 생긴다

'대체 선수 대비 승리 기여도WAR, Wins Above Replacement'
라는 말을 들어본 적 있는지. 프로야구에서 쓰는 용어로,
대체 선수에 비해 얼마나 많이 승리에 기여했는가를 나
타내는 수치다. 예를 들어 이정후 선수의 WAR이 4.1이
라면 그가 팀에 4승 정도를 더 안겨주었다는 뜻이다. 숫
자가 높을수록 대체하기 힘든 선수임을 의미하고 그만큼
연봉이 높은 편이다.

1인 기업의 협상에도 이 개념을 적용할 수 있다. 나
를 대체할 사람이 시장에 없을 때 협상력이 커지고 가격
도 올라간다. 남들이 다 하는 것, 어디서든 볼 수 있는 것
으로는 가격을 높게 받을 수 없다. 그들이 나를 찾는 이유
가 있어야 한다. 그리고 수요는 많을수록 좋다.

예를 들어 AI로 온통 난리인데 적합한 전문가를 찾기
어려운 지금, AI를 어떻게 일의 현장에 적용해야 실무자
들이 더 일을 잘할지, AI와 인간의 일은 어떻게 달라질지
등에 대한 답을 줄 수 있다면 어떨까? 협상력과 가격이 오

르는 건 당연하지 않을까.

나는 무엇이 다른지 말할 수 있는가

이는 나만의 차별화 포인트와도 연결되는 이야기다. 사실 세상에 오로지 나만 할 수 있는 일은 매우 드물다. 그래서 더더욱 왜 '나'에게 이 가격을 지불해야 하는지 상대방이 납득해야 한다.

"저희 본부장님께서 나이 님을 잘 모르셔서 그런지 좀 비싸다고 하세요. 저희가 어떻게 설득하면 될까요? '나이 님은 이런 걸 해주실 수 있다' 같은 차별화 포인트가 있다면 무엇일까요?'

얼마 전 기업 담당자로부터 실제로 받은 질문이다. 내가 무엇이 다른지가 명확할수록 상대방을 설득하기 쉽고 협상력이 커지며 내 제품의 가격이 올라갈 확률도 높아진다. 1인 기업일수록 내 강점이 무엇인지, 내가 정확히 타깃할 수 있는 지점이 어디인지 아는 건 돈을 많이 벌기 위해서도 중요하다.

협상이 깨져도 '싫으면 말고'

물론 내가 원하는 가격을 못 받고 딜이 깨지는 경우도 있다. 상대방 예산이 안 맞거나, 서로 조율이 안 되거나.

그럴 때 나는 실패했다고 생각하지 않는다. '인연이 아닌가 보다' 생각하고 지금 하고 있는 일을 더 잘하자고 다짐한다. 억지로 가격을 깎아서 받고 기분 나쁘게 일하기보다 내가 원하는 일의 방향과 가격을 지키면서 나와 맞는 고객을 기다리는 게 낫다.

그런 점에서 비용 산정 기준과 지급 프로세스는 처음부터 커뮤니케이션하고 확정해야 한다. 메일이 오가는 시간도 다 내가 일하는 시간에 포함된다. 따라서 추후 발생하는 비효율적인 커뮤니케이션을 줄일수록 좋다.

내가 묻기 전에 상대방이 비용 지급일은 언제고 필요 서류는 무엇이며 어떤 프로세스가 있는지 알려주면 서로 일이 편할 텐데, 아직 이렇게 일하는 분은 많이 만나지 못했다. 처음에는 "돈은 언제 주시는 건가요?" 묻는 게 불편하기도 했는데, 내 일을 하고도 쫄 필요는 없으므로 이제는 당당하게 물어본다.

이 외에도 담당자와의 통화, 이메일, 오고 가는 시간,

오만 가지 서류에 사인해야 하는 일 등도 다 내가 일하는 시간으로 산정하고 가격에 포함시켜야 맞는 듯한데, 아직 우리나라에서 쉽지 않다는 점은 아쉽다. '관례상 그 정도는 해주셔야 한다'는 뉘앙스로 말할 때가 많다. 그럴 때는 나라도 말해야 한다고 생각한다. "아니, 이게 왜 당연한가요. 시간도 엄청 중요한 자원이라고요."

가격이 애매할 때는 일의 의미를 생각한다

나는 가격의 하한선을 미리 정해놓는다. '이 금액 밑으로는 절대 내려가지 않는다'라고. 상대방이 생각하는 가격을 알게 됐을 때 나의 마지노선에 찰랑찰랑하거나 그 밑이면 일의 성격을 다시 한번 들여다본다.

1. 내가 해보지 않은 일이라 배울 것이 많은가?
2. 이 경험이 내 포트폴리오에 도움이 되는가?
3. 재미있거나 새로운가?
4. 이 사람 혹은 이 회사와의 관계가 장기적으로 가치 있는가?

받는 금액이 적더라도 이 4가지 질문에 긍정적인 답을 할 수 있다면 한다. 반대로 돈을 많이 받아도 내가 앵무새가 되는 것 같은 느낌이거나 의미 없는 일이라 생각되면 안 하는 경우도 있다. 물론 내가 의미 있는 일을 하면서 돈도 많이 벌 수 있다면 최상이므로, 참여자분들의 의지나 일의 성격, 의미, 상대방의 지불 능력 등을 종합적으로 살핀다.

돈이 많은 회사라면 많이 받고, 규모가 작다면 대체로 그들 사정에 맞춰 받기도 한다. 돈 많은 회사들이 "저희가 돈이 없어서요"라고 말하면 나는 "아니, 영업이익이 몇천억, 몇조씩 되는, 저보다 훨씬 부자인 회사에서 일개 개인에게 이러시면 어떡하냐"라고 웃으며 말한다. '이런 협상의 여지가 생기지 않도록 더 잘해야겠다, 나여야만 하는 이유를 더 선명히 만들어야겠다'라는 다짐을 하며.

먼저 숫자를 제시하지 않는다

팁을 하나 더하자면, 상대방을 잘 아는 것도 협상의 기본 중 하나다. 기업이 고객일 때 강연료나 프로젝트 비용을 협상할 일이 많은데, 나는 가급적 먼저 숫자를 제시하지 않는다. 상대방의 숫자를 모르니까. 내가 제시한 숫자가 상대방 입장에서 너무 많으면 딜이 깨지고, 너무 적으면 괜히 손해 본 느낌이 들 테니 마지노선은 생각하되 먼저 묻는다. "혹시 어느 정도의 예산을 생각하고 계세요?" 혹은 이렇게 질문한다. "가장 최근에 이런 프로젝트를 해보셨다면, 누구(어떤 회사)와 했고 그때 비용은 어느 정도였는지 말씀해 주실 수 있을까요?"

이렇게 물어봤을 때 절대 비밀이라며 답을 꽁꽁 숨기는 경우는 거의 없었다. "사실 쓸 수 있는 예산은 이 정도인데 어떻게 생각하는지 알려주면 조정해 보겠다"라는 답변이나 "이런 경험이 많지 않으니 적정선을 알려주면 좋겠다" 같은 답변을 많이 받는다.

협상의 키는 실력이다

당연한 말이지만, 이렇게 일하려면 결국 일을 잘해야 한다. "그 사람 더럽게 떽떽거리더니 일도 못하네" 같은 소리를 들으면 안 되니까. 내가 하기로 한 일은 확실하게 해야 당당할 수 있다.

이 정도로 실력을 쌓으려면 1인 기업으로 일하기 전,

회사를 다닐 때부터 내가 하는 일의 밑바탕을 단단히 다져두어야 한다. 그러면 자신감도 생기고 마음도 단단해진다. 나는 그렇지 못했다. 회사에서 했던 일과 1인 기업으로서 하는 일이 180도 달랐기에 어려움이 있었다. 새로 실력을 쌓는 동시에 돈도 벌어야 했으니, 내 일의 유효기간을 정하고 나를 끝까지 밀어붙일 수밖에 없었다.

그러므로 역시 지금부터 준비하는 게 좋다. 나의 전문성도, 그에 따른 가격 협상력도 전부 실력에서 온다. 그리고 실력을 쌓는 데는 충분한 시간이 필요하다.

친절하되
만만하지 않은 사람이 될 것

나는 소위 '갑질'을 당한 기억이 많지는 않다. 매일이 롤
러코스터인 증권사에서 일하면서 맷집도 세진 것 같다.
어쨌든 운이 좋은 편이라고 생각한다. 하지만 돌이켜보면
기업 대 개인으로 일할 때도 만만하게 보이지 않는 태도
와 습관이 나에게 분명 있었다.

상대방에게 휘둘리지 않고 중심 지키는 법

나는 애매한 부분이 있다면 그냥 넘어가지 않고 반드
시 확인한다. "지금 하신 말씀을 이렇게 이해했는데, 맞
나요?" 그리고 되도록 이메일로 소통한다. 대뜸 전화해
서 "이거 되나요?" 묻는 경우도 있고, "만나서 이야기하

시죠!"하는 경우도 있는데 미팅이나 스케줄 핑계를 대며 메일 소통을 권유한다. 직장인이라면 문서와 기록으로 일하는 게 얼마나 중요한지 알 것이다. 나 또한 회사에서 이것이 나를 얼마나 지켜주는지 깨달았다.

나를 만만하게 생각하는 사람이 많지 않은 이유는 일하는 내가 아무에게나 친절하거나 상냥하지 않기 때문이기도 하다. 부당한 요구에 즉답하지도 않고 생각할 시간을 벌려고 한다. 나도 예전에는 업무 요청 등이 오면 바로 답변해야 한다고 생각했는데, 이제는 받은 날 아니면 다음 날 이내로 답변하면 된다고 생각한다.

상대방이 오늘 당장 달라고 재촉하는 자료가 그렇게 중요하지 않거나 예정된 다른 일정이 있으면 다음과 같이 말한다. "그렇게 급한 일은 진작 말씀해 주셨으면 좀 더 신경 써서 빨리 드릴 수 있었을 텐데 아쉽습니다. 저도 제 스케줄이 있어서요. 갑자기 요청하시는 걸 바로 해드릴 수는 없어요."

내 일을 존중하지 않고 협업하려는 마음이 없는 상대와는 일하지 않는다. 일하는 나의 자존감은 나 스스로 지켜야 하고, 내가 좋아하고 함께 잘할 수 있는 파트너와 일하는 게 내게는 몇 배 더 중요하기 때문이다.

검증은 첫 연락부터 하는 게 좋다

함께 일하자는 제안이 들어오면 먼저 확인하는 몇 가지
가 있다. 왜 나에게 연락했는지(어떻게 나를 알게 되었는지),
나와 구체적으로 무엇을 하고 싶은지, 예산 범위는 어느
정도인지, 일정은 얼마나 여유 있는지, 비슷한 프로젝트
를 해보았다면 어떤 방식으로 진행했는지 등 최대한 구
체적으로 정보를 모은다.

그리고 요청 내용이 내가 잘할 수 있는 일인지 아닌
지 솔직하게 이야기한다. "그 분야를 더 잘하는 다른 분이
랑 하시는 게 더 좋을 것 같아요." 애초에 내가 못하는 일
을 억지로 하려다 보면 나는 힘든데 결과물은 별로고 관
계도 나빠진다. 처음부터 내가 어떤 일을 잘하는지 명확
히 하는 게 서로에게 좋다.

여기까지 문제가 없다면 약속과 마감을 대하는 태도
를 살피고, 커뮤니케이션 비용이 지나치게 높지 않은지
확인한다.

'말'과 '일'이 일치하는지도 파악하려 애쓴다. 블로그,

SNS, 과거 인터뷰 등에서 그들이 천명하는 일의 철학이 실제로 해온 바와 일치하는지 확인한다. 일관된 비전이 없는 사람과 일하다 보면 내 방향성도 쉽게 흐트러진다.

과거에 그들과 함께 일했던 파트너들에게 업무 태도, 신뢰도 등을 확인하는 것도 좋은 방법이다.

시간과 에너지는 소중한 자원이다. 좋은 느낌은 가끔 틀려도, 싸한 느낌은 틀린 적이 없다. 나는 누군가를 만났을 때 다음 10가지 유형 중에 3가지 이상에 해당한다면 거른다.

1. 시간 무개념: 미팅 시간에 10분 이상 지각하면서 사과나 사전 통보가 없다. 만나자고 말하고 언제, 어디에서 만날지 정하지 않는다.

2. 돈 타령 요정: 일하는 이유가 오로지 돈이다. 자신과 일하면 돈을 많이 벌게 해주겠다고 한다.

3. 자랑 대마왕: 대화 내내 자신의 직함, 학벌, 인맥을 과시한다. 회사에서 한 일을 혼자 한 것처럼 부풀린다.

4. 실행력 제로 아이디어맨: "같이 하면 무조건 대박 날 아이디어다"라고 말하지만 실행 계획도, 준비 자료도

없다.

5. 책임 회피의 귀재: 본인 책임인 업무를 대충 던지고 빨리 마무리해 달라고 재촉한다.

6. 뒷말 마스터: 다른 파트너나 과거 동료의 뒷말을 즐긴다.

7. 핑계왕: 일이 잘못되면 남들이나 상황을 탓한다.

8. 공짜 요정: 내 전문 분야를 존중하지 않고 '서비스'를 뻔뻔하게 요구한다.

9. 계약서 알레르기: 계약서 작성을 회피하고 비용을 깔끔하게 정산하지 못한다.

10. 모호함의 달인: 핵심 결정이나 목표 설정 시 '대충' '알아서' '나중에' 같은 모호한 단어를 반복한다.

거절할 때 죄책감이 든다면

그런데 거절할 때 죄책감이 든다는 사람이 많다. '나쁜 사람이 되는 것 같다'는 고민을 들으면 나는 애덤 그랜트의 《기브 앤 테이크》나 스튜어트 다이아몬드의 《어떻게 원하는 것을 얻는가》를 읽어보라고 권한다.

애덤 그랜트는 "성공하는 기버giver는 경계가 있다"라고 말한다. 무조건 주기만 하는 사람은 착취당할 뿐이고, 자기 자신을 지키면서 전략적으로 주는 사람이 성공한다는 것이다. 그랜트는 거절도 기브라고 주장하는데, 맞는 말이다. 정직한 피드백이 당사자에게도 장기적으로 더 도움이 되기 때문이다.

스튜어트 다이아몬드는 거절이 협상의 시작이라고 이야기한다. 거절이 끝이 아니라 더 나은 조건을 만드는 과정이라는 것이다. 예를 들어 클라이언트가 "이 가격에 이것도 해주실 수 있죠?"라고 물어봤을 때 내가 "네, 해드릴게요"라고 하면 협상은 거기서 끝난다. 하지만 "그 부분은 원래 범위 밖인데요. 추가하시려면 비용이 더 필요해요"라고 말하면 진짜 협상이 시작된다.

이 협상의 결말은 보통 2가지다. 상대방이 원래 범위대로 하자고 하거나, 추가 비용이 얼마냐고 묻거나. 둘 다 나쁘지 않다. 범위를 지키거나 가격을 올리는 것이니까. 하지만 내가 "네"라고 했다면? 범위는 늘어나고 가격은 그대로다. 그리고 다음에도 같은 일이 반복된다. "지난번엔 해주셨잖아요."

거절은 무례가 아니라 명확한 것이다. 상대방도 내가

어디까지 할 수 있는지 알게 되니 다음에 일하기가 더 편해진다. 어정쩡하게 하겠다고 했다가 나중에 못 하겠다고 하는 게 훨씬 더 무례하다. 그래서 이제는 이렇게 생각한다.

'내가 거절하면 상대방이 곤란할까 봐'가 아니라 '지금 못 한다고 하지 않으면 나중에 더 큰 문제가 생긴다.'

'나쁜 사람이 되는 것 같아'가 아니라 '지금 이렇게 말하는 것이 명확하고, 프로페셔널한 것이다.'

'이 기회를 놓치면 다음이 없을 것 같아'가 아니라 '나쁜 기회 하나 놓치면 좋은 기회 3개가 온다.'

관계를 유지하면서 경계를 지키는 법

상대방과 싸우라는 이야기가 아니다. 감정과 사실을 분리하고 대안을 제시하며 단호하되 무례하지 않게 말하라는 것이다. 다음과 같이 말이다.

"○○ 님, 좋은 결과물 만들고 싶은 마음은 저도 같아요. 다만 말씀하신 수정 범위가 처음 합의한 것보다 많이 커졌어요. 2가지 방법이 있는데 첫째, 원래 범위 내에서 마무리하거나 둘째, 추가 비용으로 확장 작업을 진행하거나. 어떻게 하면 좋을까요?"

여기서 핵심은 4가지다.

1. 감정적으로 반응하지 않는다. "왜 이러세요?" "너무하 시네요" 같은 말은 하지 않는다.
2. 팩트를 말한다. "처음 합의는 이랬는데 지금은 이렇게 바뀌었어요."
3. 대안을 제시한다. "이렇게 하거나 저렇게 하면 됩니다."
4. 선택권을 제공한다. "어떻게 하시겠어요?"

이렇게 말하면 상대방이 떼를 쓰거나 감정적으로 나올 수가 없다. 나는 팩트만 말하고 있고, 해결 방법도 제시했으니까.

굳이 갑질이나 선 넘는 행위를 참아야 하는 이유가 있다면 단 하나다. 이 관계를 유지해야만 내가 살 수 있을 때, 즉 생존이 걸린 문제일 때. 그게 아니라면 경계를 지키면서 일하기를 바란다.

소문은 생각보다 빨리 퍼진다. "저 사람은 함부로 대하면 안 되더라"도 평판이다. 경계를 지키는 건 까칠한 게

아니라 프로페셔널한 것이다. 일을 잘하되 함부로 대하면
안 되는 사람이 되자. 협상은 결국 나를 지키는 싸움이다.
그래야 지속 가능하다.

4장
지속하는 마음

내 일로 오래도록
먹고산다는 것

규모는 곧
리스크다

초반에는 창업에 관한 책을 미친 듯이 읽었다. 《제로 투원》《원칙》《권도균의 스타트업 경영 수업》《창업가의 일》《왜 일하는가》… 몇 번을 읽고 또 읽었다. 나도 말하자면 창업가였던 데다 자신의 열정과 의지로 일을 벌이는 사람들에 대한 동경이 있었고, 대표의 마음을 책으로라도 알고 이해해야 그들에게 조직 관리에 대한 조언을 해줄 수 있다고 생각했다. 그리고 나 역시 1인을 넘어 팀을 키워야 하는 순간이 올지도 모르니까.

내 일은 우상향이라는 위험한 착각
하지만 간접 경험이 쌓일수록 쉽지 않다는 생각이 들었

다. 내가 1인 기업으로 일하기 시작한 시기는 한국의 스타트업들이 날아오르던 시기와 맞물린다. 직장인 시절에 기업 실적과 미래가 기대보다 좋아도 리스크고 좋지 않아도 리스크인 일을 내내 한 탓인지, 리먼 브라더스 사태를 비롯해 잘나가던 기업이 하루아침에 곤두박질치는 것을 현장에서 종종 목격한 탓인지 이 훈풍이 언제 꺼질지 모른다고 생각했다.

내게는 그 시기에 모두가 말하는 '더, 더, 더'가 위험하게 들렸다. 나는 '따박따박'이 더 좋았다. 망하는 것도 리스크지만 내 기대보다 너무 잘되는 것도 리스크다. 기대보다 잘되는 건 운 덕분인 경우도 많은데, 막상 그 상황에 놓이면 사람은 착각하기 마련이다. 이 운이 계속될 것이라고. 내가 잘했기 때문이라고. 그러면서 리스크 관리가 안 되기 시작한다. 그러다 망한다. 내가 투자시장에서 가장 크게 배운 것이 있다면 바로 이것이다.

투자시장에서 배운 또 다른 하나는 영원히 우상향 하는 그래프는 없다는 것이다. 모든 기업의 주가는 오르락내리락한다. 상승 사이클이 길 수는 있지만 계속 우상향만 하는 그래프는 없다. 투자는 하락 구간을 어떻게 견디고 버텨낼 것인가, 이때 어떤 판단을 할 것인가가 더 중요하다. 그 판단을 잘하는 사람이 투자 고수다.

상승과 하락 사이의 갭, 그 폭이 작은 주식일수록 우량주이고 이 폭이 크면 변동성이 크다고 말한다. 변동성이 클수록 '잡주'일 가능성이 크다. 변동성 또한 리스크이기 때문이다. 나는 투자시장의 원칙이 사업에도 그대로 적용되리라고 생각했다.

1. 우상향하는 시기에 내리막을 예상할 수 있는가?
2. 내리막 때는 어떤 의사 결정을 할 것인가?
3. 우상향 시기에 취해 있지 않을 자신이 있는가?
4. 내 일의 상승과 하락 사이클의 변동성을 잘 관리할 자신이 있는가?
5. 다양한 리스크에 잘 대처할 만큼 멘털이 단단한가?

이 질문들에 자신 있게 답할 수 있어야 일을 더 벌일 수 있을 것 같았다.

어쩌면 유독 이 문제 앞에서 생각이 너무 많았을지도, 용기가 없었을지도 모른다. 나 혼자 모든 걸 감당해야 한다고 생각하기보다 팀을 이루고 동료들과 함께 나눈다고 생각했으면 어땠을까 싶다. 이 또한 이전에 어떤 경험을 했느냐에 따라 달라지는 선택이다. '원 팀one team'으로 함께 목표 달성을 해본 경험이 있었다면, 마음이 잘 맞는 동료가 곁에 있었다면 이야기가 달라졌을지도 모르겠다. 아쉽게도 나는 회사에서 이런 경험을 충분히 해보지 못했다. 그래서 혼자 가는 길을 택했고, 나를 지켜주는 안전망이 없는 상황에서 초점을 맞춘 건 2가지였다.

1. 어떻게 전체 리스크를 관리할 것인가?
2. 내 일의 핵심 외에 나머지 부분에서 발생하는 리스크를 어떻게 낮출 것인가?

사업은 꼭 확장시켜야 하는가

1인 기업으로서의 일이 조금씩 안정될 무렵, 넥스트 스텝에 대한 고민이 시작됐다. 어떻게 이 일을 더 확장할 것인가? 어떻게 새르운 일을 더 해볼 것인가? 내 기운을 느꼈는지 주변에서 팀 창업을 권하며 투자하겠다는 감사한 말을 종종 해주었다. 이미 이성적으로 리스크를 따져

본 뒤였지만, 쿵쾅쿵쾅 가슴이 뛰고 욕심이 생기는 건 어쩔 수 없었다. 잘할 수 있을 것 같았다. '아, 나도 더 제대로 하고 싶어! 나도 할 수 있다고!' 그런데 충동적인 기질이 다분한 내가 이 주제만큼은 희한하게 한 번 더 생각하게 됐다. 마음을 가라앉히고 스스로에게 물었다. '네가 진짜로 원하는 건 뭐야?'

내가 좋아하고 존경하는 대표님들께 조언을 구했다.

"한번 바퀴가 구르기 시작하면 멈출 수 없어요. 더 빨리 굴렀으면 좋겠다 싶을 때는 천천히 가고, 이제 좀 천천히 갔으면 좋겠다 싶을 때는 오히려 빨리 갈 때도 있고. 속도 조절이 되지 않는 게 제일 힘들어요. 하지 마. 지금 보기 좋아 보이는데, 왜."

"기차가 빠르게 달리기 시작하는데 선로가 다 만들어지지 않아서 선로를 만들면서 달리느라 숨이 턱까지 차오르는 기분이에요. 그래도 멈출 수 없어요. 나를 보는 직원들이 있으니까."

"나이 님이 하는 일의 특성을 봐야 해요. 고객들이 진짜로 원하는 것이 무엇인지. 어떤 가치가 그분들에게 더 도움이 될지."

하필 모두 다 말리셨다. 하지 말라고. 힘들다고. 이럴 줄 알았으면 안 했다고. 팀 창업보다 개인 간의 연대를 추천하는 분들이 많았다. 누구보다 자신의 일과 팀을 사랑하는 이들이기에 그들의 답변이 의외이기도 했고, 그래서 더 와닿았다.

그러게, 얼마나 힘들까? 나를 먹여 살리는 걸 넘어 누군가에게 월급을 주어야 하는 포지션이 된다는 건. 책임져야 할 사람이 늘어나면 하루 종일 일만 할 것 같았다. 통제력이 강하고 일의 기준이 높고 해야 할 일은 빨리 해치워야 직성이 풀리는 내가 필시 누군가를 말려 죽일 것 같았다. 신입사원 시절부터 "네가 내 밑이라 다행"이라 말하던 상사들이 떠올랐다.

나의 비전과 목표, 현실적인 욕심의 줄다리기에서 어느 쪽이 더 강할지도 모를 일이었다. 사실 투자는 처음부터 생각하지도 않았는데, 남의 돈으로 사업한다는 건 반드시 대가를 치러야 한다고 믿기 때문이었다. 세상에 공짜는 없다. 투자자들은 10배, 20배, 100배를 기대할 텐데 그렇게 성장하는 기업은 드물다. 그렇다면 그 스트레스는 다 누구에게 가겠는가? 대표다. 나는 그걸 감당할 수 있을까? 그래서 투자를 받지 않는다면? 구성원들 월급을 비롯한 비용은 어떻게 버나? 이 시장이 그렇게 큰가? 나를 복제해서 다른 사람 혹은 기술에 이식할 수 있는가? 나는 그렇게 하고 싶은가?

나와 한 마음 한 뜻으로 함께 팀을 이룰 좋은 인재를 찾는 것도 너무나 어렵게 느껴졌다. 직장인 시절의 나는 리더가 없으면 '방학이다!' 외치며 빨리 퇴근할 생각에 기뻐하던 사람이었다. 그런 나와 180도 다른 주도적이고 책임감 있는 인재를 찾는 건 힘든 일일 터였다. 게다가 아직 알려지지 않은, 아무도 모르는 회사에 훌륭한 인재가 와줄 확률은 현실적으로 0.0001%도 안 될 것 같았다.

대표도 대표가 처음인데 잘 모르겠는 순간의 고민을 어디에다 말하기도 쉽지 않을 것이다. 구성원이나 투자자들이 불안해할 테니까. 이 고독한 자리를 버틸 수 있을지 용기가 나지 않았다.

결국 1인 기업을 택한 이유

고민이 거듭될수록 저 깊이 숨겨둔 마음을 들여다보게 되었다. 투자를 받고, 직원들이 생기고, 더 많은 고객들이

　　　　　　　　　　4장 · 지속하는 마음

찾아오는 건 나를 중심으로 관계가 늘어나는 일이다. 이 많은 관계 속에서 나는 인정받고 싶어 할 것이다. 인정받으려는 욕심에 방향도 잡지 못한 채 속도만 올려 전력질주하느라 한참을 돌아왔던 경험이 있는 나로서는 이 생각에 이르자 두려운 마음이 일렁였다. 또 그렇게 되면 어떡하지. 나를 지키면서 일할 수 있을까. 그러지 않으면 될 일 아니냐고? 사업이 다 내 마음같이 흘러가면 이 세상 대표들은 다 행복하겠지, 왜 괴롭겠나.

고민이 꼬리에 꼬리를 물고 머릿속을 어지럽게 헤집을 때 내가 가장 많이 한 질문이 있다. '그럼에도 불구하고 하고 싶은가?'

1. 나는 어떤 사람인가?
2. 나는 어떻게 일하고 싶은가?
3. 내가 진짜로 원하는 것은 무엇인가?
4. 지속 가능하게 일하는 방식은 무엇인가?

내 일을 한다는 건 이 질문들에 답하는 과정이자 나를 찾아가는 여정이다.

나는 같이 있으면 즐겁고, 일의 철학이 단단하고, 에너지가 넘치는 사람들과 산뜻하게 일하고 싶었다. 가족과 놀고먹는 시간을 충분히 확보하는 것도 중요했다. 내게는 어떤 일을 하고 하지 않을 것인지, 어디에서 어떤 시간에 일할 것인지 선택할 수 있는 주도권이 중요했다. 세상 사람 다 알 만한 대단한 변화를 만들지는 못해도, 꼭 필요한 사람들에게 도움이 된다면 충분하다고 생각했다.

지나치게 현실적이고 비관적이었을지도 모르겠다. 어쨌든 나는 내가 원하지 않는 상황을 아예 만들지 않는 것이 좋겠다고 생각했다. 그렇다면 1인 기업이 제격이었다.

1인 기업이 나에게 맞는 선택이었을 뿐, 팀 창업이 틀린 길이라는 게 아니다. 오히려 멋진 팀을 이끌며 단단하게 자신의 일을 해나가는 대표님들을 보면 진심으로 존경스럽다. 나는 그 길로 들어서지 못했으니까.

누구와
함께 일할 것인가

앞으로는 어떻게 될지 모르니 단언할 수는 없지만, 1인 기업 체제로 일한다는 결론을 내리고 나니 그다음 질문이 다시 떠올랐다.

'누구와 함께 일할 것인가?'

내게 좋은 자극을 주는 동료를 어떻게 구할 것인가? 그들도 나와 함께 일하고 싶게 하려면 어떻게 해야 하는가? 일의 밀도와 품질을 높이는 프로페셔널 대 프로페셔널 구조를 어떻게 만들어야 잘 작동할까?

1인 기업은 직원이 없을 뿐, 함께 일하는 사람도 없는 건 아니다. 오히려 회사를 나왔기 때문에 내가 잘하는 일(핵심)은 물론 디자인, 회계 등 전문성이 부족한 일은 외부 전문가와 함께 '연합 작전'을 펼쳐야 한다. 인재 밀도가 높을 때와 그렇지 않을 때 일이 어떻게 진행되는지 겪어 보았기 때문에 나는 더 사람에 신경을 썼다. 나와 함께일할 땐 하나의 목표로 달려가고, 그렇지 않을 땐 느슨한 관계를 유지하는 팀.

일의 철학과 오리지널리티가 있는 사람

'누구와 함께 일할 것인가'라는 질문에 대한 나의 첫 번째 답은 내가 좋아하고 존경하는, 나보다 나은 사람이나 기업이다. 나에게 좋은 자극을 주고, 더 나아지고 싶은 마음이 들게 하는 사람과 일하고 싶다. 일의 기준이 높고 자기 일의 품질에 자신 있는 사람, 일의 철학이 분명하고 오리지널리티가 있으며 '그럼에도 불구하고'를 넘어 어떻게든 해내는 사람을 존경한다. 이런 사람과 일하면 폐를 끼치면 안 된다는 마음, 나만 잘하면 된다는 마음, 함께 일할 수 있어 영광이라는 마음이 든다.

1인 기업의 협업이 일의 품질을 높이는 방향이길 바라는 건 앞으로 우리가 살아갈 세상이 AI 시대이기 때문이기도 했다. 챗지피티, 제미나이, 클로드 등 온갖 AI가 사람보다 더 일을 잘하는데, 그렇다면 사람은 뭔가 달라야 하지 않을까? 깊이가 있어야 하지 않을까? 나는 그 깊이를 옆에서 보고 배울 수 있는 분과 일하고 싶다.

에너지가 비슷하고 일하는 이유가 명확한 사람

두 번째 답은 같이 있으면 즐거운 사람이다. 자신의 일을 좋아하고, 긍정적이고, 싫은 건 싫다 좋은 건 좋다 솔직하게 말하는 사람이 좋다. 나는 돌려서 하는 말을 잘 알아듣지 못하는 단순한 사람이니까.

무엇보다 왜 이 일을 하는지, 왜 나와 하고 싶은지 이유가 있어야 한다. "이건 어떤 서비스인가요? 이기 왜 필요한가요?"라고 질문했을 때 "지금 시장에서 1위 하는 ○○○ 있잖아요. 그거랑 비슷한 거예요"라는 설명을 들은 적이 있는데 딱 질색이었다.

그 이유가 단순히 '돈'이나 '회사에서 시키니까'는 아니었으면 좋겠다. 이 일을 통해 만들고 싶은 세상이 나와 비슷한 사람이 좋다. 의미 있는 일을 한다는 믿음을 공유할 수 있기를 바란다. 그 마음으로 타깃의 마음을 어떻게 움직일지, 그 방향을 함께 고민하며 비즈니스 구조를 만들어갔으면 한다.

강점은 시너지가 되고 약점은 보완이 되는 사람

나는 성격이 급하고 추진력이 좋지만 디테일에 약하고 끈기 있게 마무리하지 못한다. 호불호가 강하고 직설적이기도 하다. 그래서 이런 나와 달리 디테일을 잘 챙기고, 다른 의견을 부드럽고 사려 깊게 전하는 사람을 보면 존경스럽다.

한편 나도 상대방도 둘 다 시작의 열정만 가득하기보다는 일이 제대로 마무리될 수 있도록 뒷심이 있는 사람과 협업할 수 있다면 좋겠다. 얼마 전 일대일 세션에서 만난 고객이 "전 마무리 투수 역할인 것 같아요. '일이 된다'는 말의 전제는 일의 맺음이 되었다는 것이니, 결국 마무리가 중요한 것 아닌가요?"라고 했는데, 내 약점을 들킨 것 같아 뜨끔했다.

취약성을 잘 내보이지 못하는 내가 힘들 때 "충분히 푹 쉬어야 한다, 얼마나 힘들었겠냐"라는 말을 건네는 사람과 함께 일하는 것도 복이다. 취약한 부분을 내보여도 부끄럽거나 창피하지 않을 만큼, 아니 오히려 든든할 만큼 "덕분이야"라고 말할 수 있는 파트너.

내가 원하는 사람에 대해 쭉 쓰고 보니 참 까탈스럽다 싶다. 이래서 팀 창업을 못했던 것 아닐까. 그래도 까탈스러운 게 마냥 나쁜 것만은 아니라고 생각한다. 기왕 하는 일, 마음 맞는 사람과 재미있게 잘하는 건 중요하니까.

여기서 중요한 건 이런 사람들과 일하려면 나도 같은 조건을 갖춰야 한다는 것이다. 그러려고 노력하다 보면 나라는 사람이 어제와는 다른 사람, 좀 더 나은 사람이 될 수 있다는 생각이 들어서 더 좋다.

어떻게 나를
알아보게 할 것인가

함께 일하고 싶은 사람은 명확해졌으니 다음 질문을 던져야 한다.

'함께 일하고 싶은 사람들이 어떻게 나를 알아보게 할 것인가?'

중요한 질문이다. 관계라는 게 나 혼자 바란다고 되는 일은 아니니까. 그들이 나와 일하고 싶지 않으면 아무런 의미도 없지 않은가. 그들도 나와 일하고 싶게 하려면 어떻게 해야 할까?

'믿을 사람 하나 없다'는 냉소

커리어 액셀러레이터로 일하기 전, 자본시장에서 직장인

으로 일하던 나는 사실 '인생은 독고다이'라고 생각하는 편이었다. 속고만 산 것도 아닌데 남을 믿기보다는 나를 믿어야 한다고 생각했다.

이 삭막한 생각에 핑계가 없는 건 아니다. 내가 일했던 곳은 돈으로 시작해 돈으로 끝나는 대화가 지배하는 곳이었고, 그런 곳에서 믿을 수 있는 동료나 관계를 만들기란 쉽지 않았다. 돈을 못 벌면 고성이 오갔다. 실제로 내가 6~7년 차일 때 우리 부서장과 옆 부서 부서장이 사무실에서 치고받은 적도 있었다. "네가 뭔데 우리 부서 수익을 너희 부서 수익이라 하는 거야? 너희가 우리 덕분에 돈을 번 거야, 이 새끼야!" 퍽. 누가 먼저 쳤을까, 부서장 아저씨들 안경이 날아가는 장면이 슬로모션처럼 눈앞에 펼쳐졌다.

'저 자식을 끌어내려야 내가 올라갈 수 있어.' 이런 생각이 만연한 곳에서 서로 잘되길 바라고 도울 리 없지 않은가. 그래서인지 나는 인간관계를 믿지 않는 편이었다. 특히 일과 관련해서는 주고받을 게 있어야 관계가 성립된다고 생각했다. 주기 전에 먼저 받아야 안심할 수 있다고까지.

하지만 1인 기업으로 일을 시작하고, 이 마인드가 얼마나 나의 성장에 해로운지 곧 깨달았다. 내가 이런 생각을 하고 있으면 만나는 사람도 똑같은 수준에 머무른다는 것을 알았다. 그렇다면 해야 할 일은 하나. 일에 끌려다니지 않겠다고 선언했을 때처럼, 나에게 기회가 올 때까지 기다리거나 사람에게 끌려다니지 말고 내가 직접 다가가야 했다.

세세하게 알아보고 적극적으로 다가가기

나는 책이나 콘텐츠를 보고 '이 사람과 일해보고 싶다!'라는 확신이 들면 먼저 메일과 메시지를 보냈다. 내가 기여할 수 있는 바를 구체적으로 설명하고, 함께 일할 기회를 적극적으로 만들어내려고 했다. 내가 함께 일하고 싶은 분들을 찾기 위해 특히 중점을 두고 살핀 부분은 다음과 같았다.

1. 시작의 이유Origin: 지금 하는 일을 왜 시작했는지에 대한 진정성 있는 답이 있는가? 이 사람이 일하는 이유, 깊은 내면의 동기는 무엇인가?

2. 현재의 목표Purpose: 현재 활동(콘텐츠, 프로젝트)은 무엇을 향해 가고 있는가? 그들의 최종 목적지가 나와 일치하는가? 아니면 일시적 유행을 좇는가?

3. 일관성Consistency: 메시지나 행동이 시간이 지나도 일관된 비전을 보여주는가? 앞에서 하는 말과 뒤에서 하는 행동이 다르지는 않은가? 최근의 콘텐츠뿐 아니라 3~4년 전 SNS에 남긴 기록은 어떤가?

기억에 남는 사람이 되는 법

나는 만나고 싶었던 사람과의 첫 미팅에 빈손으로 간 적이 없다. 나에게 시간을 내준 것에 대한 보은을 어떻게든 하고 싶었다. 그래서 커피든 도넛이든 책이든 너무 부담되지 않는 작은 선물을 준비했다. 기억에 남고 싶기도 했다. 별 생각 없이 나온 미팅에 소소한 기쁨을 선물받는다면 기억에 남지 않을까?

이런 성의는 회사 다닐 때 배운 것이다. 두 번째 회사의 부서장님이 "나이야, 누군가를 만날 때는 항상 기억에 남도록 신경을 써. 사람 일이 언제 어떻게 될지 모르잖니"라고 가르쳐준 것이다.

이 밖에도 만나는 사람이 지금 당장 나와 함께 일하지 않더라도 사업에서 어떤 고민이 있을지 먼저 생각해 해결책을 제안하기도 하고, 밥 먹을 시간도 없이 바쁘거나 밥 먹을 사람이 없다면 식사 메이트가 되어주려 했다. 일하면서 힘든 지점을 인간적으로 함께 털어놓고 이야기하기도 했다.

이렇게 주고받은 인간적인 신뢰가 단단한 파트너십의 바탕이 되었다.

이 과정에서 내가 깨달은 건 세상 사람들이 모두 내가 과거에 겪은 사람들 같지는 않다는 것. 당연한 말이지만. 함께 일하는 사람을 존중하고 배려하며, 일하는 과정과 결과를 더 좋게 만들기 위해 애쓰는 '좋은 어른'이 훨씬 더 많다는 것을 독립하고 알게 됐다.

1인 기업은 수동적으로 '선택받는' 존재가 아니라, 비전과 결이 맞는 동료를 주도적으로 '선택하고 제안하는' 존재다. 회사에서도 가만히 있으면 가마니가 되는데, 회사 밖에서 가만히 있으면 정말 아무도 알아주지 않는다. 먼저 손을 들고 떠들어야 한다.

"저 여기 있어요! 저랑 같이 일해요! 분명 즐겁고 의미 있을 거예요!"

하고자 하는 일에 진정성이 있다면, 그 철학을 이해하는 프로페셔널들이 반드시 이 외침에 응답할 것이다.

어떻게 그들과
오래 일할 것인가

협업 파트너를 신중하게 선별하는 일만큼 중요한 건 한 번 연을 맺은 파트너가 나를 계속 찾게 만드는 일이다. 함께 일하고 싶은 사람이 되는 것. 회사에서 팀원이 자주 바뀌면 커뮤니케이션 비용이 늘어나고 프로젝트의 방향성이 흔들리듯이 1인 기업도 마찬가지다.

어떻게 하면 파트너에게 '이 사람과 일하는 게 우리에게도 좋다'라는 확신을 심어줄 수 있을까? 핵심은 '시너지의 선순환'에 있다.

당연하게도 일을 잘해야 다음이 있다
〈시그널〉〈킹덤〉의 각본을 쓴 김은희 작가의 인터뷰를 본

적이 있다. 그녀는 자신이 쓴 드라마가 방영되면 시작 전 광고를 볼 때부터 너무 긴장돼서 구역질이 나올 것 같다고 했다. 드라마가 밤 11시쯤 끝나고 다음 날 아침 8시쯤 시청률이 나오는데 그 밤이 너무 길고 거의 잠을 자지 못한다고. 시청률이 잘 나와야, 결과가 좋아야 다음이 있고, 잘 안 나오면 "거봐, 내가 안 된다고 그랬지" 하고 갈을 얹는 사람이 많아져 피곤해진다고.

모든 일이 그렇다. 열심히 한다고 다 잘되는 건 아니고, 내 일의 결과를 내가 다 컨트롤할 수도 없지만 잘되기를 바라며 잘될 수 있도록 최선을 다해야 한다. 특히 1인 기업은 결과가 좋지 않으면 다음이 없다. 일을 하기 위해 모였으니 일단 그 일이 잘되어야 하는 게 당연하다.

파트너에게 내 실력과 책임감에 대한 신뢰를 심어줄 때, 함께 일한 결과물이 '그럭저럭 괜찮은' 수준이 아니라 '이건 ○○ 덕분에 잘될 수 있었다'라고 인정할 만큼 나올 때 비로소 다음이 생긴다.

그러니 책을 쓰기로 했으면 어떻게 더 좋은 책을 만들지 고민하고, 세미나를 하기로 했으면 참석자들이 뭔가 다른 걸 얻어갈 수 있을지 고민해야 한다. 영상을 만들기로 했으면 어떻게 차별화된 순간을 찍을지 고민해야 한다. 물론 열심히 한다고 일의 결과가 항상 좋은 건 아니다. 하지만 적어도 그 순간에는 서로 알 수 있지 않을까? 이 사람이 그냥 하는지, 최선을 다하는지.

그러니 과정과 결과를 주도적으로 만들 수 있도록 팔을 걷어붙여야 한다. 열심히 했는데 결과도 좋아서 뿌듯함에 하이파이브를 하는 순간을 상상하며, 최선을 다해본다. 나를 위해서, 우리의 다음을 위해서.

'1+1=3'을 증명하는 시너지

가장 강력한 리텐션 전략은 '함께 일하면서 서로 성장했다'는 느낌을 공유하는 것이다. 파트너가 나와 일하면서 관점이 확장되거나, 새로운 비즈니스 기회를 발견하거나, 자신의 전문성이 예상치 못한 방향으로 활용되는 '성장의 시너지'를 경험해야 한다.

일의 철학과 에너지를 공유한다는 건 강력한 동기부여로 이어진다. 이렇게 서로에게 좋은 자극과 피드백을 주고받는 관계가 형성된다면, 그 사람은 다음 프로젝트를 기획할 때 나를 가장 먼저 떠올리지 않을까?

프로는 솔직하게 일한다

함께 일하는 과정은 즐겁고 효율적이어야 한다. 파트너의 커뮤니케이션 비용을 낮추고 감정 소모를 줄여주는 게 곧 경쟁력이 된다. 우리의 목표는 뚜렷한가? 그 과정에서 얼마나 솔직하게 이야기하고 있는가?

프로끼리는 솔직하게 말한다. 프로 대 프로로 일한다고 해서 늘 의견이 일치하는 건 아니다. 오히려 각자 자기 분야의 전문가다 보니 관점이 다를 때가 많다. 그런데 신기한 건, 프로들끼리는 이 '다름'을 편하게 이야기한다는 것이다.

회사에서는 의견을 말할 때 상대방의 직급과 내 평판을 신경 쓰는 경우가 많다. 아무리 조직문화가 유연한 곳이라 해도 상사의 의견에 반대하는 게 편하지만은 않다. 하지만 나는 회사 다닐 때부터 내 의견과 관점을 말하는 연습을 해야 한다고 생각한다. 부딪치고 깨지고 때로는 미움받더라도 말이다. 회사 안에서만 승부를 볼 게 아니라면 더더욱 솔직한 피드백을 주고받으며 일하는 연습을 할 필요가 있다. 입을 꾹 다물고 회사에서 하라는 대로만 하다가 어느 날 갑자기 내 생각, 주관, 관점, 취향을 담아 말하고 일하는 것은 어려운 일이다.

그래서 나는 이렇게 말한다.

"○○ 님, 저는 이 부분이 조금 다르게 보이는데요. ○○ 님은 왜 이 방향으로 가려고 하셨어요? 제가 놓친 부분이 있을 것 같아서요."

"이 부분의 의도를 좀 더 들어봐도 될까요? 제가 이해한 게 맞는지 확인하고 싶어서요."

"흠, 솔직히 제 생각에는 이건 좀 아닌 것 같아요. ○○ 님 생각은 어떠세요?"

내 생각을 단정적으로 말하는 게 아니라 상대방 생각을 진심으로 궁금해하며 경청하려는 태도, 이게 핵심이다. 서로를 향한 존중과 신뢰가 깔려 있을 때 가능한 커뮤니케이션이다.

이런 마음가짐이 있다면 피드백은 더 이상 나에 대한 공격이 아닌 결과물을 더 좋게 만들 소중한 기회로 다가온다. 그래서 나도 누군가의 피드백을 '일단 편견 없이 들어보자'는 마음으로 듣는다. 방어적인 태도를 취하는 순간, 함께 더 나은 방향으로 나아갈 배움의 기회를 놓치게 된다는 것을 알기 때문이다.

또한 피드백을 주고받을 때는 구체적이어야 한다. "이 부분이 좀 아쉬워요"가 아니라 "지난번 프로젝트에서 상세페이지의 X 부분이 우리가 합의했던 타깃 고객의 니즈를 충분히 반영하지 못한 것 같아요. 그래서 Y 문제가 생긴 것 같은데, ○○ 님 생각은 어떠세요?"처럼 말이다.

"수고했어요" "좀 더 노력해 보세요" 같은 애매한 피드백은 아무 도움이 안 된다. 정확히 무엇을 잘했고, 무엇을 보완하면 좋을지 알아야 함께 더 나아질 수 있다.

일하는 방식을 사전에 합의하기

프로로서 솔직하게 일한다는 것은 커뮤니케이션뿐 아니라 서로의 일하는 방식과 원칙을 존중하고 합의하는 것까지 포함한다.

"저는 보통 이렇게 일하는데 ○○ 님은 어떻게 일하는 방식을 선호하세요?"

"의견이 다를 때는 이렇게 이야기 나누면 어떨까요?"

이런 사안들을 처음부터 이야기해 두면 나중에 훨씬 편하다. 서로 무엇을 기대하는지 알고 있으니까.

나는 전화가 싫다. 정말 급한 일이 아니라면 이메일

이 좋다. 전화는 갑자기 내 시간을 빼앗는 느낌이 들어서 싫고, 이메일은 내가 선택한 시간에 답할 수 있어서 좋다. 함께 일하는 사람들과는 처음부터 이런 이야기를 터놓고 한다. 커뮤니케이션은 어떻게 하면 좋을지, 일이 잘 풀리지 않을 때는 언제 어떻게 공유할지, 일의 목표는 무엇인지.

또한 나는 협업하는 파트너들과 프로젝트 성격에 따라 전화 혹은 줌으로 주에 30분가량 체크업을 한다. 일은 잘 진행되고 있는지, 어떤 부분이 어려운지, 어떻게 해보면 좋을지 논의하는 시간이다. 이 시간을 통해 서로의 일하는 방식을 점검할 수 있고, 일하다 발생하는 문제도 커지기 전에 해결할 수 있다. 나중에 서로 확인하고 재촉하는 번거로움도 사라진다.

결과가 예상보다 좋았거나 반대로 나빴다면 그 이유는 무엇인지, 우리는 이 일을 통해 어떤 일 자산을 쌓았는지, 일하는 방식을 다시 설계한다면 어떻게 하고 싶은지 각자 일하며 느낀 서로의 장단점을 기록하고 피드백하는 시간도 꼭 가지려고 한다.

이처럼 서로를 동등한 어른으로 대하며 일하는 방식

을 충분히 협의하고 결과를 함께 회고하는 프로세스를 하나의 사이클로 만들면 불필요한 마찰이 생기지 않는다.

충분한 대화가 필요한 순간

나는 한 기업과의 협업에서 '서로 잘 알고, 프로이니 알아서 잘하겠지'라는 믿음이 가장 위험하다는 사실을 깨달았다. 그 기업과 프로젝트를 진행할 때 '이번 프로젝트에서 우리의 목표는 무엇이고, 이것이 왜 중요한지'에 대해서 충분히 이야기하지 못한 채 진도부터 빠르게 나간 게 잘못이었다. 제품과 상세페이지를 만들고, 영업이 되면 좋을 곳들에 제품 샘플을 보내고, 워크숍 혹은 세미나를 진행하는 일련의 과정 속에서 뭔가 미묘하게 삐걱거리는 느낌이 들었다. 생각대로 잘 풀리지 않아 아쉽고 서운한 기분이 반복되는데, 이 이야기를 해야 하는지, 아니면 그냥 넘어가야 하는지 계속 찜찜했다. "지금 잠깐 전화 괜찮으세요?" 결국 나는 전화기를 들었고, 그 기업의 대표님과 한참 통화를 했다.

1. 이 일을 나와 함께하기로 한 이유는 무엇인가?

2. 이 일을 통해 무엇을 얻고자 하는가? 어떤 시너지가 나길 바라는가?

3. 나와 일하면서 서운하거나 아쉬운 점이 있다면 솔직히 무엇인가?

4. 이 일을 다 하고 난 후 결과가 어땠으면 좋겠는가?

5. 그를 위한 우리의 목표는 무엇인가?

6. 장기적으로 해봤으면 좋겠다고 생각하는 것이 있다면 무엇인가?

내가 계속 일하고 싶은 파트너라면, 한 번 보고 말 사이가 아니라면 이런 대화를 협업의 초반에 꼭 하려고 노력한다. 서로의 생각을 미루어 짐작하기보다 명확하게 커뮤니케이션하는 편을 선호한다.

결국 사람 사이의 일이다. 일하는 과정이 즐거우려면 서로 무엇을 바라고 원하는지 솔직한 대화를 충분히 나누어야 한다.

적극적으로 피드백 구하기

1인 기업은 고여 있기 쉽다. 매일 똑같은 상태에 머무는 듯한, 한 발짝도 나아가지 못하는 듯한 기분을 느낄 때도 있다. 그래서 나는 프로젝트를 마친 후 협업한 상대방에게 피드백을 구하려고 노력한다. 직장인일 때는 성과 평가도 있고 상사와 동료를 통해 내가 무엇을 잘하고 못하는지 알 수 있는데 1인 기업은 내가 먼저 피드백을 구하지 않으면 뭘 잘하고 못하는지 알기 어렵다.

피드백은 사실 하는 사람 입장에서는 어렵고 귀찮은 일이다. 일을 못하거나 합이 맞지 않으면 앞으로 같이 일하지 않으면 그만이다. 매일 얼굴을 보는 사이가 아니라면 부정적인 피드백을 하기가 더 어려울 수도 있다. 그래서 더 적극적으로 피드백을 구해야 한다. 알아야만 한다. 내가 잘하는 일은 무엇이고 보완할 부분은 무엇인지. 그래야 고이지 않을 테니까.

내가 협업한 상대방에게 주로 묻는 질문은 이런 것들이다.

1. 협업 전 기대했던 것과 가장 다르게 느껴졌던 점은 무엇인가?
2. 아쉬운 부분이 있다면?

3. '이 사람은 이런 걸 잘하는구나' 하고 이야기해 주고 싶은 부분이 있다면?
4. 협업하면서 도움을 받은 부분이 있다면 무엇이고, 어려웠던 점은 무엇인가?

이런 피드백을 주고받다 보면 관심과 애정이 생긴다. 관찰해야 뭐든 말할 수 있으니까. 그러면 더더욱 서로를 응원하게 된다.

나는 두 번, 세 번 찾는 사람이 되고 싶다. 나와 일하면 일이 된다, 할 만하다, 재미있다는 인상을 남기고 싶다. 일하는 동안에는 '참 까탈스럽고 유난스럽네' 싶더라도 돌이켜보면 남는 게 있는 사람이 되고 싶다. 호탕하고 단단한 에너지를 전하고 싶다. 고맙다, 미안하다는 말을 아낌없이 하며 애쓰는 우리를 함께 토닥이고 싶다. 무엇보다 나랑 일하는 과정이 즐거웠으면 좋겠다.

함께 일하는 마음에
대하여

직장인 시절에는 어떤 일을 할 때마다 문서를 만들고, 메일을 보내고, 유관 부서 사람들과 미팅을 하고, 리더의 허가를 구하고, 문제가 없을지 관련 부서와 또 회의를 하고, 그래서 누가 무슨 일을 어떻게 할지 나누는 절차가 있었다. 하지만 1인 기업으로서 일하기 시작하면 이런 절차가 생략된다.

그러다가 절차가 필요한 대기업이나 공기업과 일하게 되면 답답할 때가 있다. 종이 서류에 사인을 하고, 그들의 프로세스를 따르느라 사업자등록증부터 온갖 서류를 '출력해서' 보내고, 계약서에 한 장 한 장 간인을 하고, 일을 하기도 전부터 전화나 미팅을 반복하고…. 그렇게 몇 날 며칠이 지난다. 하루이틀이면 될 일은 온갖 서류와 프로세스, 커뮤니케이션으로 일주일이 되고 한 달이 돼도 진행되지 않는다.

심지어 가끔은 자신을 '갑'이라 생각하는 사람들도 있다. '네 포트폴리오에 우리 조직의 이름을 하사하노라'라는 느낌이랄까. 됐거든요. '내가 무슨 일을 하는가'가 중요하지, '빅 네임'은 중요하지 않다. 회사 간판이 어떻든 나오면 다 똑같다. 누가 더 실력 있는지, 자기 이름을 걸고 일할 수 있는지가 더 중요하다.

프로들은 경우가 있다

이런 경험을 하고 나면 프로 간의 협업이 얼마나 좋은지 확실히 알게 된다. 갑을 관계가 아니라 파트너십으로 일하는 게 당연하고, 서로의 나이나 연차에 따른 위계도 없다. 나이나 연차는 일하다 친해져서 서서히 알게 되는 경우가 많다. 당연히 '님'으로 호칭하고, 서로의 시간을 배려하고 존중한다.

일할 때는 이 일을 왜 하려고 하는지, 목표는 무엇이며 언제까지 끝낼지, 각자의 역할은 무엇인지 메일이나

4장 · 지속하는 마음

줌으로 간단히 이야기하고 각자 알아서 한다. 만나서 이야기하자고 길바닥에 시간을 쏟으며 번잡스럽게 오가기보다 이메일, 슬랙, 카카오톡, 구글독스, 노션, 전자 계약으로 일한다. 오프라인으로 만나는 경우가 있다면 진짜 만나고 싶어서다. 함께 일하는 사이에 맛있는 밥 먹고 근황 토크도 하고 일 진도를 파바박 나가고 싶어서.

무엇보다 신기하게도 일을 잘하는 사람과 조직이 더 상대방을 배려하고 말하자면 '경우'가 있다. 나는 '경우 있다'는 말을 좋아한다. '이런 사람들 덕분에 이 조직이 잘 되는구나. 좋겠다. 부럽다' 하는 생각이 드는 곳들이 있다.

이런 곳과의 일은 깔끔하다. 똑 떨어지는 이메일만 봐도 기분이 좋아진다. 따뜻하면서도 서로 무엇을 하면 되는지가 명확하다.

사람을 생각하며 일한다는 것

얼마 전 나와 일면식도 없는 한 기업의 HR 담당자로부터 전화가 왔다. 그는 2주 뒤 워크숍을 진행해 줄 수 있냐고 물으며 이 내용, 저 내용을 포함해야 한다는 이야기를 장황하게 했다. 그렇게는 할 수 없어서 다른 분을 찾는 게 좋겠다고 거절했는데, 전화기 너머로 얕은 한숨이 들려왔다. 그 한숨이 나를 붙잡았다. "그런데 왜 이렇게 하셔야 해요? 그나저나 요즘 일은 할 만하신가요?"

그는 전화기를 붙들고 본부장님이 어디선가 뭔 이야기를 듣고 와서는 우리도 워크숍 한번 하자고, 이래서야 되겠느냐고 했다며 본인은 사실 아무 일도 하고 싶지 않다고 했다. 아니, 회사에서 한마디도 하고 싶지 않다고. 아, 짠해. 나는 결국 그 일을 하기로 했다.

나는 함께 일하는 사람의 마음을 신경 쓰려 한다. 다양한 파트너들과 일하다 보면 화나고 억울할 때도 있지만, 기본적으로 일하는 사람은 다 애쓰고 있다고 생각한다. 그래서 '이 사람이 이러는 데는 이유가 있을 텐데' 싶은 순간들을 지나치지 않으려 한다. 그런 사소한 마음의 교차점이 새로운 인연을 만들고, 생각지 못한 기회를 열어주기 때문이다.

요즘 협업을 많이 하는 동료, AI

요즘 내가 가장 많이 협업하는 파트너는 사람이 아닌 AI다. 클로드, 제미나이와 일하는 시간이 하루 2시간 이상이다. 주로 3가지 AI를 쓰는데 각각 잘하는 게 다르다. 클로드는 글을 쓰거나 상품 혹은 서비스의 서사를 만들어 갈 때, 제미나이는 연구 논문이나 기사 리서치를 하거나 데이터를 분석해 슬라이드를 만들 때 강점이 있다. MBTI로 비유하자면 클로드는 'NF(직관형-감정형)'이고, 제미나이는 'ST(감각형-사고형)'랄까. 내가 그렇게 학습시킨 탓도 있겠지만 말이다. 아무튼 이 AI들을 적절히 섞어 쓰면서 일의 효율성을 높이고 있다.

한편 앞으로 인간의 일은 어떻게 될까 두려운 마음도 있다. AI를 쓰면 쓸수록 인간의 일은 정말 일부만 남고, 지금까지와는 다른 차원으로 변화할 것이라는 예감이 든다. 적당히 하는 일, 적당히 일하는 사람은 다 사라질 것 같다. AI가 너무 똑똑하고 빠르고 쉬지 않기 때문에.

AI는 프롬프트를 어떻게 넣느냐에 따라 가벼운 수준부터 깊은 수준까지 답을 척척 내놓는다. 내가 가진 것과는 비교할 수 없을 만큼 많은 데이터를 가지고 있다. 감정이 없다는 점 역시 편할 때가 있다. 사람 사이에서 일할 때는 '감정 노동'을 해야 한다는 말이 있을 정도니까.

내 판단에 확신을 갖게 해준다는 생각이 들 때도 있

다. 이론과 논리를 근거로 내 생각에 동조해 주니 조력자가 생긴 느낌이다. AI가 논리적으로 A의 장점을 말하는데 나는 B를 선택할 때도 물론 있다. 그 또한 나의 선택, 나의 호불호를 알게 되어 좋다.

원하는 바를 아주 구체적으로 설명해야만 결과가 나온다는 점이 아쉽기는 했다. 하지만 요즘은 그 장벽마저 허물어지고 있음을 느낀다. 대충 던진 말 속에서도 기가 막히게 맥락을 짚어내어, '개떡같이 말해도 찰떡같이 알아듣는' 순간들이 늘어나고 있기 때문이다.

물론 AI가 인간처럼 정서적인 공감을 바탕으로 상황을 살피는 것은 아니다. 수많은 데이터 속에서 언어 패턴과 의도를 찾아내는 '기술적 모방'이 그만큼 정교해졌을 뿐이다. 인간의 고유 영역이라 믿었던 '눈치'나 '맥락 이해'를 AI가 이토록 훌륭하게 구현해 낸다는 사실은 AI를 두려움의 대상이 아닌 말이 통하는 든든한 파트너로 대해야 할 근거가 된다.

앞으로 1인 기업은, 일하는 사람은 어떻게 될까? AI로 누구든지 무엇이든 할 수 있는 세상이라면 누가 더 이 무기를 잘 사용하는가, 즉 AI와 잘 협업하느냐가 관건일 것이다. 그러나 종국에는 독보적인 IP를 가지고 있는가, AI가 복제할 수 없는 경험과 통찰이 있는가가 성패를 가르지 않을까.

한편 AI와의 협업에도 불구하고 사람과의 협업은 여전히 필요하지 않을까. 말 너머의 마음을 읽고, 논리를 뛰어넘는 직관으로 제안하고, 모순을 안고 갈 수 있도록 돕고, 진심을 다해 일에 집중하고, 자신의 말에 책임을 지는 건 사람뿐일 테니까.

정답은 모르지만, 그렇게 믿고 오늘도 일한다.

내 일의 가치를
지키는 법

책, 유튜브, SNS 할 것 없이 '돈' 혹은 '부자'라는 키워드가 점령한 지 벌써 몇 년째다. 자산 가격은 계속 오르고, 비슷한 대학을 졸업하고 비슷한 회사를 다니던 누군가가 코인이든 부동산이든 대박이 났다는 소식이 들려온다. 열심히 일해온 사람들은 불안과 번뇌에 빠진다. 이렇게 일해서 나에게 남는 건 무엇인가?

회사를 나와 1인 기업을 고민하는 사람들 중에도 전업투자를 생각하는 경우가 많은 것 같다. 월급으로는 집도 못 사는데, 어차피 독립할 거라면 투자로 돈을 불리는 게 낫지 않을까?

1인 기업으로 독립하기 전 증권사에서 파생 상품을

다룬 덕분에 나는 그 게임이 얼마나 어렵고 위험한지 안다. 레버리지는 최소 2배에서 수십 배까지 하루에도, 아니 몇 분 사이에도 자산 가격이 위아래로 롤러코스터를 탄다. 탐욕과 공포가 사람을 어떻게 망가뜨리는지 나는 그 현장에서 너무 많이 봤다.

운을 능력으로 착각하면 생기는 일

투자를 잘하려면 자신의 탐욕을 컨트롤해야 한다. 나는 '크게 한 방'을 노리던 사람들이 얼마 지나지 않아 그보다 더 큰 손실로 괴로워하던 모습을 자주 목격했다. 그들은 결국 시장을 떠나기도 했다.

기대보다 잘되는 건 운 덕분인 경우도 많다. 하지만 그 상황에 놓이면 사람은 착각한다. 이 운이 계속될 것이라고. 내가 잘해서 이렇게 된 것이라고. 자신의 욕망을 컨트롤한다는 건 정말 어려운 일이다.

게다가 이 게임은 외부 환경의 영향을 너무 많이 받는다. 내가 아무리 공부하고 분석해도, 시장은 내 뜻대로 움직이지 않는다. 주도권과 통제력을 갖고 임하기가 쉽지 않다. 투자시장에서 가장 크게 배운 것이 있다면 바로 이

것이다. 영원히 우상향하는 그래프는 없다는 것.

내 일에도 복리가 있다

물론 돈은 중요하다. 일이 오로지 '돈벌이 수단'이라면 자산 투자에 올인하는 게 맞을지도 모른다. 그런데 정말 그런가?

증권사에서는 복리를 숫자로 설명한다. 연 10% 수익률로 10년 투자하면 얼마가 되는지. 그런데 나는 1인 기업으로 일하면서 복리에도 다른 종류가 있다는 걸 알게 됐다.

역량의 복리, 네트워크의 복리, 신뢰의 복리.

작년에 기초를 닦은 일은 올해 새로운 프로젝트의 기반이 되고, 올해 만난 사람이 내년에 새로운 기회의 문을 열어줄지도 모른다. 첫해에 만난 클라이언트가 몇 년 뒤 더 큰 프로젝트로 다시 찾아오고, 2년 전에 쓴 글이 요즘같이 콘텐츠 소비가 빠른 시대에도 누군가에게 읽히며 새로운 기회를 만들어준다. 당장은 눈에 보이지 않지만 시간이 지날수록 기하급수적으로 쌓인다.

금융 복리는 예측 가능하지만 역량의 복리는 예측이

불가능하다. 주식 수익률 10%는 천재도 범인도 똑같이 받지만 역량의 성장률은 사람마다 천차만별이고, 그 영향력도 훨씬 크다.

'이 일을 언제 한 땀 한 땀 하나' 싶을 때가 있다. 그럴 때는 이렇게 한 일들이 언젠가의 나에게 다시 돌아올 것이라고 기대해 본다.

나를 일하게 만드는
이유를 찾아서

종종 힘들지 않느냐는 질문을 받는다. 누군가의 힘든 이야기나 일 고민을 듣는 게 괜찮느냐는 것이다. 예전에는 일대일로 하루에 10명을 만난 적도 있다. 1시간씩 10명이면 10시간 동안 누군가의 이야기를 듣고 말했다는 건데, 지금 생각해도 무슨 힘으로 그렇게 했는지 모르겠다. 그 정도는 아니지만 지금도 주 2회, 하루에 최소 2~3명씩 만난다. 90분씩 3명, 2회를 만나면 주 9시간은 누군가의 이야기를 집중해서 듣고 말하는 것이다.

물론 이 일만 하는 건 아니다. 직장인들은 보통 평일 저녁이나 주말에 만나고, 평일 낮에는 다른 일을 한다. 스타트업 전략 자문을 하거나, 글을 쓰거나, B2B 강의나 워크숍을 진행한다. 새롭게 프로그램을 론칭한다면 그 상세 페이지의 문구를 고민하고, 유튜브 기획을 하기도 한다. 새로운 인풋을 위해 책을 읽거나 고객이 아닌 사람을 만나고, 틈틈이 아이도 챙긴다.

기본적으로 일하는 시간이 회사 다닐 때와 비교하면 더 길어졌는데 힘들지 않다. 왜일까? 나는 끈기가 정말 없는 사람인데, 어떻게 이 일을 10년이나 지속할 수 있었을까?

내 일의 의미가 나를 나아가게 한다

지속하는 이유의 답을 곰곰이 생각해 보니, 역시 이 일의 의미와 재미 때문이다. 고객을 한 명 한 명 만나서 이야기를 나누는 내 일은 고객의 변화가 나에게도 쌓이며 내 일의 의미를 깊이 생각해 보게 만드는 구조로 설계되어 있다.

애덤 그랜트의 책《기브 앤 테이크》에도 비슷한 이야기가 나온다. 학교 후원금을 모금하는 콜센터 직원들에게 장학금을 받은 학생을 5분가량 만나게 했더니, 한 달 후 통화 시간이 142% 증가하고 모금액은 171% 늘어났다고 한다. 자신의 일이 누군가의 인생을 실제로 바꾸고 있다는 사실을 직접 확인한 것만으로도 그렇게 달라진 것이다.

나도 마찬가지다. 내가 듣는 건 단순히 누군가의 힘든 이야기가 아니다. 앞으로 뭔가를 시작하거나 이겨내고 싶은 사람들의 이야기다. 이 이야기를 듣고 나누는 과정의 에너지를 나는 좋아한다. 다양한 사람의 일 이야기를 듣다 보면 그 사람이 주인공인 책을 읽는 기분이다. 오히려 내가 더 많이 배울 때도 있다.

내가 하는 일이 누군가의 일과 삶에 1%라도 기여하고 있다는 느낌도 좋다. 얼마 전 세미나에 온 분이 너무 반갑고 좋았다며 돌아가는 길에 나를 꼭 안아주고 가셨다. 지방에서 KTX를 타고 오거나 제주에서 비행기를 타고 오는 분들의 환대도 '이 일을 더 잘해야겠다'는 다짐을 하게 만든다. 예전 증권사에서 일할 때는 그렇게 나를 죽이네 살리네 하는 분들이 많았는데, 180도 다른 장면에 힘이 나고 더 나은 사람이 되고 싶어진다.

내 일을 지속하는 큰 이유 중 하나가 '의미'인 게 나는 사실 놀랍다. 예전의 나는 일하면서 의미를 생각하지 않았다. 이 일이 돈이 되는지 아닌지만 중요했기에. 하지만 돈을 벌면서도 의미를 쌓아갈 수 있는 일이 있다는 걸 알게 되었고, 그래서 좋다.

설레면서도 긴장되는 일을 할 것

얼마 전 유튜브 '요정재형'에서 드라마 〈서울 자가에 대기업 다니는 김 부장 이야기〉 OST 작업을 맡아 괴로워하는 정재형을 보며 위로를 받았다. 그렇게 오래 일하고도, 그렇게 많은 음악을 만들고도 여전히 새로운 프로젝트가 불안하고 스트레스를 받는구나. 헝클어진 머리가 카메라에 잡혀도 인지하지 못한 채로 초반 드라마 회차에 500곡이 넘는 샘플을 만들고, 함께 일하는 사람들을 쪼는 모습이 남 일 같지 않았다.

그럼에도 불구하고 그는 기쁨과 환희와 할 만한 이유가 있어서 그 일을 할 것이다. 연차가 쌓이고 나이가 들었다는 이유로 관성적으로 일하는 게 아니라 설렘과 긴장을 가지고 일하는 걸 나는 복이라고 생각한다.

적당히 안주하면 매너리즘에 빠진다. 매일 똑같은 하루가 반복되면 기대가 사라진다. 나는 그래서 일에는 적당한 스트레스가 있는 게 좋다. 나를 너무 짓누르는 정도만 아니라면, 어느 정도의 긴장, 잘해야 한다는 마음이 나쁘다고 생각하지 않는다.

나도 새로운 일을 할 때면 긴장한다. 가장 최근의 전전긍긍은 유튜브 채널 오픈이었다. 예쁘고 화려하고 멋진 사람들이 다 하는 유튜브 판에 이제서야 끼어들어도 되나? 아무도 안 보면 어떻게 하지? 오픈 첫날 하루 종일 조회 수와 구독자 수를 얼마나 많이 확인했는지 모르겠다. 같이 하는 친구가 유튜브는 얼마나 꾸준히 하느냐의 싸움이니 연연하지 말라고 했는데, 의연해지겠다고 답하고는 엄청 연연하며 이불 킥도 여러 번 했다.

그런데 그 감정이 싫지 않았다. 습관처럼 하던 일들을 되짚어 보게 되었다. 무엇보다 '초보'가 되어 무엇인가를 계속 시도하는 마음 자체가 중요하다는 생각을 했다. 이 설렘과 긴장으로 지금의 일을 또 지속할 수 있을 테니까.

주변의 소음이 사라지는 몰입의 마법

이 일을 지속하게 만드는 이유 중 하나는 바로 '몰입'이다. 회사 인간 시절이는 퇴근하면 일 스위치를 딱 껐다. 회사에 있는 동안에는 딴짓을 할 틈도 없었지만 그래도 '왜 이렇게 시간이 안 가지' 하며 종종 시계를 쳐다봤다.

하지만 내 일을 하고부터는 일하는 시간과 일하지 않는 시간을 굳이 분리하려고 하지 않는다. 영화나 드라마를 보거나 공연을 갔을 때에도 종종 일 생각을 한다. BTS 멤버의 콘서트에 가서 오늘 콘서트 수익이 얼마일까, 이 공연장에서 일하는 사람이 몇 명이나 될까 궁금해하는 식이다. 책을 읽거나 누군가를 만났을 때도 떠오르는 생각들을 바로바로 메모한다.

이제 나는 '언제 이렇게 시간이 갔지' 하며 시계를 본다. 이 몰입감의 가장 큰 차이는 결국 일이다. 내가 하고 싶은 마음이 드는 일. 이 일에 들이는 시간이 아깝지 않게 된 것, 이런 일을 찾게 된 것이 정말 행운이라 생각한다.

어느 날 야구 경기를 보다 생각했다. 저렇게 응원이 요란한데 선수들은 몰입할 수 있을까? 9회말 2아웃, 절체절명의 순간. 투수도 타자도 얼마나 긴장하고 있을까.

그런데 타석에 들어선 타자와 투수는 응원 소리가 들리지 않는다고 한다. 오로지 그 순간에 집중하고 몰입했기 때문에.

1인 기업을 하다 보면 주변에서 이것저것 많이 묻는다. "그거 돈이 돼?" "언제까지 할 거야?" "안정적인 게 최고야." 처음엔 그런 말들이 신경 쓰이지만, 정말 내 일에 몰입하면 점점 안 들리기 시작한다. 9회말 2아웃 상황의 투수와 타자처럼 지금 이 순간 내가 해야 할 일에만 집중하게 된다.

언제 어디서든 내 방식대로 일하는 자유

인생에서 '회사 인간' 챕터가 끝난 후 어떤 방식으로 일할 것인가 고민할 때 나는 성취감을 느끼는 일의 조건으로 자유, 몰입, 의미를 꼽았다. 이 일을 지속할 수 있는 중요한 이유 중 하나는 바로 이 '자유'다.

누가 시켜서 억지로 하는 게 아니라 나의 주도와 의지로 일하고, 일하는 시간과 공간을 택할 수 있는 자유는 웬만한 조건과 바꿀 수 없다. 지금 이 글을 쓰는 시간은 밤 11시 40분인데, 이 시간에 일해서 불행한가 하면 전혀 그렇지 않다. 이 시간에 이 글을 쓰는 게 나의 선택이기 때문에.

바람직한 생각은 아니지만, 직장인 시절의 나는 일하는 시간이 순전히 내 시간이라기보다 회사에 저당 잡힌 시간이라고 여겼다. 내가 책상에 앉아 인터넷 검색을 하든 영양가 없는 미팅을 하든 일하는 시간은 고정되어 있고 월급도 똑같으니까. 리더가 출장을 가거나 휴가를 가면 '방학이다!' 하고 자유를 외쳤다. 해가 바뀌면 연초부터 올해 휴가는 언제 갈까 계획하고, 노는 것과 관련된 시간은 절대 손해 보지 않으려고 했다. 퇴근 후의 시간만이 진짜 내 시간이라고 생각하며.

1인 기업으로 일하면서는 하루 24시간이 온전히 100% 내 시간이 되었다. 누구에게도 시간을 저당 잡히지 않는다는 사실이 좋다. 내가 하면 하는 것이고 안 하면 안 하는 것이라는 사실이, 내가 보내는 시간이 온전히 다 나에게 쌓이는 상황이 좋다.

대신 아무도 뭐라고 하는 사람이 없어 내가 나를 관리해야 한다. 이게 생각보다 어렵다. 아무것도 안 하고 누워만 있었던 것 같은데 눈 깜짝할 새 하루가 다 가버릴 수도 있고, 반대로 시간이 돈이라는 생각에 종일 일간 하다 나를 혹사시킬 수도 있다.

내 머리가 하루 중 몇 시쯤 가장 잘 돌아가는지, 어느 정도 일하면 지치는지, 어떤 시간을 보낼 때 충족감을 느끼는지 알아야 한다. 그래야 끌려 다니지 않는다.

연초부터 휴가 계획을 잡는 것은 직장인 시절이나 지금이나 달라지지 않았다. 달라진 것이 있다면 그때는 '탈출'이 목적이었고 지금은 '재정비'가 목적이라는 것이다.

1인 기업으로 일하기 시작하면서 12월에서 1월, 한두 달 정도는 일에서 거리를 두려 했다. 주로 아무 연고도 없는 곳으로 아이와 한 달 살기를 떠났다. 새로운 공간, 새로운 시간, 새로운 사람들, 새로운 공기에 섞여 있다 보면 일과 삶을 대하는 관점도 확장되고, 내가 하는 일을 좀 더 객관적으로 살필 수 있다. 일에서 약간 거리를 두고 보면 내가 진짜 계속할 일이 선별된다.

자유는 곧 지속하는 힘이 된다.

회사 밖에서도
번아웃은 온다

그럼에도 불구하고 번아웃은 온다. 나 또한 번아웃에 빠졌던 적이 있다. 처음에는 그 사실을 몰랐고, 인정하지 않으려고 했다. '내가 좋아서 하는 일인데 왜?' 이렇게 반문하며. 나는 젖은 미역처럼 침대에 널브러진 스스로에게 '너 멘털이 약해진 거야? 이제 여유 생겼다는 거야?'라며 비난했다. 좋아서 시작한 일이 어느덧 잘해야만 하는 일이 되고, 앵무새같이 똑같은 말을 반복하는 것 같다는 느낌을 받기 시작했다.

　일을 위한 일을 하고 싶지는 않았는데. 일에 끌려 다니고 싶지 않았는데. 그런데 그렇게 되고 말았다는 생각이 들었다. 다른 사람은 몰라도 나 자신은 이런 감각을 모를 수 없었다. 번아웃과 그로 인한 무기력이 한꺼번에 나를 덮쳤다.

너무 빨리, 너무 많이 달렸다

나는 왜 번아웃의 늪에 빠졌을까? 이유를 생각해 봤다.

첫 번째, 속도 조절에 실패했다. 시작할 때는 '이렇게 일하면서 잘 먹고 잘 사는 걸 보여주겠어!'라는 오기로 나를 닦달했다. 제법 잘되기 시작하면서는 '내가 여기까지 어떻게 왔는데'라는 마음에 나를 채근했다. 툭하면 'BTS도 저렇게 일하는데'라고 생각했다.

내가 하는 일이 다 나에게 쌓이는 이 구조가 끝없이 욕심을 내게 만들었다. 퇴근이 없으니 일을 멈출 이유가 없었다. 내가 하는 일에서 의미와 재미를 발견한다는 도파민이 일을 계속하게 만들었다. 여의도, 선릉, 강남 등에서 출퇴근 시간이나 점심시간에 마주치는 무표정한 직장인들을 볼 때마다 일 고민이 있으면 나에게 오라고 외치고 싶었고, 새로운 일을 자꾸만 벌였다.

"100%를 계속 내려고 하면 몸 상태는 금방 50%까지 떨어져요. 차라리 처음부터 나는 80%로 간다고 마음먹는 게 나아요. 그게 페이스 조절이죠."

한화이글스의 이지풍 트레이닝 코치가 한 말이다. 너무 잘하려고 하면 오히려 쉽게 망가진다는 것이다. 나는 다 늦게 이 말이 너무나 와닿았다. 운동이라고는 앉아서 입 운동만 하던 나는 결국 갑상선암을 얻었다. 팔에도 알수 없는 염증이 번져 수술하고 6개월이나 고생했다. 예전에 비해 체력도 급격히 떨어졌다.

역시 인간은 중간중간 놀지 않으면 몸에 문제가 생길 수밖에 없다.

두 번째, 보고 듣고 경험하는 모든 것을 다 일에 연결했다. 나는 '워라밸'보다 '워라블work life blending'을 택했다. 일의 품질을 생각하고, 무엇을 보든 일에 연결하고 몰입하는 것까지는 좋았다. 하지만 커리어 액셀러레이터인 김나이와 자연인 김나이가 전혀 분리되지 않았다.

일 스위치가 꺼지지 않는 날이 계속됐다. 내가 하는 일이 '일'에 대한 것이어서 누구를 만나도 일 이야기를 하게 되었고, 만나는 사람마다 나에게 본인의 일 고민을 털어놓았다. 아니, 나는 놀이 대장이었는데 언제부터 이렇게 하루 종일 '일, 일, 일' 하게 됐지?

나를 잃게 하는 비교와 책임감

세 번째, '더 해야 한다'는 생각과 함께 다른 사람과의 비교가 시작됐다. 초기에는 아무도 나를 알지 못하니 마음껏 지를 수 있었다. 비교 대상도 없었다. 하지만 책을 내고 세미나를 하고 유튜브나 TV에 등장하며 세상에 조금씩 알려진 나는 다른 유명한 누군가와 나를 비교하기 시작했다.

누구는 뉴스레터를 하는데, 유튜브를 하는데, 팟캐스트를 하는데, 굿즈를 만드는데, AI로 뭘 한다는데, 회사를 더 성장시키는데, 승진을 하는데…. 나도 뭔가 해야 하는 건 아닐까? 나만 고여 있는 것 아닐까? 작년에 했던 말과 똑같은 말을 올해도 하고 있는 것 같아 조바심이 났다. 퇴보하면서 잘난 척만 하고 있는 것 같았다.

또 다시 야망이 눈을 가려 목적지를 잃은 것일까. 아니면 지나치게 자기객관화를 했던 것일까. 1인 기업으로 독립할 때 내게는 2가지 목표가 있었다. 내가 하는 일에서 확실한 포지셔닝을 하는 것. 그리고 아이가 필요할 때 함께 있어주는 엄마가 되는 것. 이 만만치 않은 목표를 그럭저럭 해내고 있었음에도 나는 나를 칭찬하기보다는 힐난

하고 검열하기를 택했다.

네 번째, 하고 싶은 일과 해야 하는 일의 간극이 벌어지기 시작했다. 사실 번아웃은 단순히 일이 많다고 오는 게 아니다. 하고 싶은 일과 해야 하는 일의 괴리에서 온다. 내 일이 안정권에 들어서면서 해야 하는 일의 비중이 커지기 시작했다. 물 들어올 때 노 저어야 한다지만, 새로운 물길을 만들 시간은 없고 그냥 노만 젓고 있는 기분이었다.

'이렇게는 안 되겠다. 내가 나 스스로를 구렁텅이로 밀어 넣고 있잖아. 빠져나와야겠어.'

일과 완벽함으로부터 거리 두기

나는 나를 즐겁게 하는 것들을 적극적으로 찾기 시작했다. BTS 콘서트를 가고, 라이브 방송을 챙겨서 보고, 오늘은 멤버들이 어디에서 뭘 했나 각종 SNS로 소식을 접하면서 즐거워한다. 소원이 있다면 멤버들의 커리어 코칭을 하는 것. 그들도 고민이 있지 않을까?

그리고 나의 취약성과 약점을 내보이는 데 주저하지 않으려 노력한다. 예전의 나는 멋지고 완벽한 모습만 보이고 싶었던 것 같다. 잘해야 한다는 생각과 책임감이 나를 짓눌렀다. 그러다 어느 날 이런 말들을 들었다.

"나이 님이 혼자 잘해야 한다고 생각하지 않아도 돼요. 저희 같이 하는 거잖아요."

"그렇게 고민됐으면 진작 말하지 그랬어요. 저희가 도우면 되는데."

너무 고마웠다. '그러게. 나는 왜 도움을 요청할 생각을 못 했을까' 하는 생각이 들었다. 일은 어차피 혼자 할 수 있는 게 아닌데. 같이 만들어가면 되는데. 나도 누군가에게 그렇게 이야기하며 함께해 나가면 되는데.

그래서 지금은 솔직하게 말한다. "저는 이걸 못해요" "어려워요" "도와주세요" "도와줘서 고마워요" "삽질해서 미안해요"라고. 내 감정을 감추기보다는 드러내며 같이 잘해보자는 말을 많이 한다.

한편으로는 내 속내를 있는 그대로 보여도 괜찮은 사람을 만나려고 한다. 좋아하는 친구, 동료, 좋은 어른들과 맛있는 걸 먹고 새로운 동네에 간다. 만화방도 가고, 와인도 마시고, 공연을 보기도 하면서 소소한 일상의 대화를 나눈다. 사실 잘하지 못했던 일이다. 회사 다닐 땐 일이 끝

4장 · 지속하는 마음

나면 집으로 출근해 육아하기 바빴고, 커리어 액셀러레이터 일을 시작한 후에는 내 일을 만들어가느라 정신이 없었기에.

무엇보다 자영업자가 되면 사람을 잘 못 만난다. 내시간의 쓰임새에 인색해지기도 한다. 시간은 유한하니까. 그런데 그 유한한 시간을 어떻게 채우고 싶은지 나에게 묻게 되었다. 그리고 내 답은 좋아하는 사람들과 즐겁게 놀고 유쾌한 대화를 하며 채우고 싶다는 것이었다.

처음으로 돌아가 일의 의미 찾기

의식적으로 쉬는 날을 만들려고도 한다. 코로나19 전까지는 아이와 함께 발리, 멜버른, 워싱턴, 말레이시아 등으로 한 달 혹은 두 달 살기를 떠났다. 이대로 계속 일하면 내가 닳을 것 같아서. 그런데 코로나 이후로 또 일만 하는 나를 발견했다.

지금은 '책만 보는 날' '아무것도 안 하는 날' 등을 캘린더에 쓰고 지키려고 한다. 배터리가 0%가 되기 전에 충전하자는 생각을 많이 한다.

넷플릭스나 유튜브 같은 콘텐츠보다는 책을 통해서

번아웃에서 벗어날 수 있었다. 무기력이 나를 지배할 때, 하루 종일 누워서 유튜브를 보다가 시간이 훌쩍 지나면 스스로 한심하다는 생각이 들었다. 그런 내가 못마땅하고, 자괴감에 시달리고, 다시 무기력해지는 악순환.

이 일을 시작할 때처럼 책을 왕창 빌려다가 읽기 시작했다. 그러면서 위로받았다. 깔깔 웃으면서 읽고 읽고 또 읽다 보니 나도 다시 글을 쓰고 싶어졌다. 다시 시작하고 싶다는 마음, 다시 누군가에게 도움 되고 싶다는 바람이 나를 움직이게 했다.

내가 하는 일이 다른 사람에게 도움이 되는지, 영향을 미치고 있는지, 그 영향이 긍정적인지 모를 때 더 기운이 빠진다. 그래서 나는 아무리 지치고 힘들어도 고객들의 반응을 직접 확인할 수 있는 일은 계속하고 있다. 그러다 보면 힘을 얻으니까. 도움이 되고 싶다는 마음이 나에게 힘이 되어 돌아온다.

일에서 좋아하는 순간을 계속 확인하려고도 노력한다. 내가 살아 있음을 느끼는 순간. '맞아, 내가 이걸 좋아했지' 느끼는 순간. 그 순간의 감정에 집중해 보려고 노력하고 있다.

열심히 한 나를 인정하고 응원해 줄 것

번아웃과 무기력을 빠져나올 때 가장 중요한 건 내가 그런 상태임을 스스로 알아주는 것이라고 생각한다. 내가 어떤 사람인지 알고, 인정해야 한다고도 생각한다. 예를 들어 나는 옆 테이블에서 말하는 회사 이야기가 다 들리고 신경이 곤두서는 내가, 일 말고는 특별히 잘하는 게 없어 보이는 내가 이해되지 않았는데, 그냥 받아들이기로 했다. 그냥 잘하고 싶은 거구나. 지치지 않게 잘 관리하면 되지. 뭐 어때, 이런 마음으로.

그러자 좀 편해졌다. 정신 승리든 뭐든 내가 나를 받아들여야 다음이 있다. 스스로를 압박하지 말고 내버려둘 필요가 있다. 번아웃이라는 게 일단 뭔가를 굉장히 열심히 해서 하얗게 불태워본 사람에게 오는 것이니, '너 열심히 했구나. 애썼네' 스스로에게 말해주고 응원해 줄 필요가 있다.

나를 응원할 줄 알아야 다른 사람도 응원할 수 있다. 그리고 누군가의 응원을 받을 줄도 알게 된다.

앞으로도 나는 종종 무기력해지고, 번아웃에 시달릴 것이다. 그런데 이제는 그게 마냥 불안하지 않다. 번아웃의 터널을 지나면서 내가 어떻게 일하고 싶은지, 무엇이 나를 지속하게 만드는지 더 명확히 알게 되었기 때문이다.

여전히 완벽하지 않고, 가끔 '더, 더, 더'의 유혹에 빠지겠지만 내가 왜 이 일을 시작했는지, 뭘 좋아하는지, 어떻게 일하고 싶은지 묻고 답하면서 계속 내 일과 삶의 진폭을 넓혀가고 싶다. 오래오래.

축적의 시간 없이
그냥 되는 일은 없다

자본시장에는 '애널리스트'라는 직업이 있다. 거시경제나 기업의 실적, 금리, 환율 등을 분석해 미래 주가의 흐름을 분석하고 투자자들에게 설명하는 직업이다. 이 애널리스트들은 종종 욕을 먹는다. 주가를 정확히 맞히는 애널리스트가 거의 없기 때문이다.

그런데 주가를 맞히는 일은 원체 불가능하다. 기업의 실적 발표날. 시장의 기대보다 실적이 좋으면 '어닝 서프라이즈', 나쁘면 '어닝 쇼크'라고 한다. 주가는 어닝 서프라이즈일 때 상승하고, 어닝 쇼크일 때는 하락하는 추세를 보인다. 그 시장에서 일하면서 내가 느낀 건, 서프라이즈도 쇼크도 많다는 것이다. 예측이 들어맞기란 참으로 어려운 일이다.

결국 일시적인 트렌드나 서프라이즈보다 그 기업의 기초 체력(펀더멘털)이 얼마나 튼튼한가에 따라서 오래 갈 기업과 아닌 기업이 나뉜다. 운 좋게 대세적 흐름을 타 몇 배씩 수익률을 가져다주는 경우도 있지만, 꿋꿋하게 비즈니스를 해왔던 기업이 흐름을 만났을 때 훨훨 날아오른다.

예측은 불가능하지만 준비는 가능하다

일도 마찬가지다. 커리어 액셀러레이터가 된 후에 이런 질문들을 받았다.

"일터의 환경이나 일에 대한 개인의 생각이 예전과 달라질 것이라고 예측하셨나요? 그래서 미리 준비하신 건가요?" 이 책을 여기까지 읽어주었다면 내 대답을 어느 정도 예상할 것이다.

"아니요. 전혀 예상하지 못했어요. 그냥 제가 이 일이 좋아서 계속하다가, 어느 날 운 좋게 때를 만나 저를 알리게 되었어요."

나는 머리가 비상하지 않다. 뭔가를 전략적으로 생각

해서 한 게 아니다. 그냥 하루하루 할 일을 열심히 했다. 그러다 보니 나의 때를 만나게 된 것이다. 기회를 만났을 때 내가 준비되어 있지 않으면 그 기회를 내 것으로 만들기 어렵다. 누가 보든 안 보든, 남들이 뭐라고 하든 안 하든 내 일의 기초 체력을 단단히 쌓아야 한다. 그래야 '나이스 타이밍'이 왔을 때 날아오를 수 있다.

영화 〈범죄도시〉로 세상에 이름을 알린 배우 진선규의 인터뷰를 본 적이 있다. 10년 넘는 무명 시절을 어떻게 견뎠느냐고 주변에서 많이 물어본다고 했다. 하지만 한 번도 스스로를 무명 배우라고 생각해 본 적이 없다고. 무명과 유명을 가르는 기준은 다른 사람의 시선이라는 걸 알기 때문에, 어떤 배역을 맡든 그 뒤에 쓰인 자신의 이름을 걸고 최선을 다했다고. 인생에 무명 시절은 없었다고.

남들이 나를 어떻게 보느냐, 지금 내가 어떤 위치냐에 연연하지 않고 내가 지금 하는 일에 내 이름을 걸고 최선을 다하는 것. 그것이 기초 체력을 쌓는 태도 아닐까.

기초 체력은 어떻게 쌓아야 할까? 방법은 단순하다. 하지만 실행하기는 어렵다.

지금 하는 일을 조금 더 잘하는 것. 고객의 말을 조

금 더 귀 기울여 듣는 것. 내 콘텐츠에 조금 더 정성을 들이는 것. 댓글 하나, 조회 수 하나를 만들기 위해 노력하는 것. 오늘 미팅에서 배운 걸 내일 적용해 보는 것.

이 모든 경험이 기초 체력이 된다. 기회 앞에서 '아, 이거 내가 할 수 있는 일이네' 하고 손을 번쩍 들게 만든다. 그러니 미래를 예측하려 애쓰는 대신 오늘을 단단하게 만들자. 그게 내일의 기회를 잡는 가장 확실한 방법이니까.

나라는 무기를 담금질하는 과정

그런데 기회를 잡고 나면 그걸로 끝일까?

많은 사람이 회사를 나와 1인 기업이 되면 좋아하는 일만 하며 살 수 있다고 생각한다. 일하고 싶을 때 일하고, 놀고 싶을 때 놀면서. 내가 이렇게 살고 있다고 생각하는 사람도 많다. 전혀 틀린 말은 아니다. 하루에 3~4시간 일할 때도 있고, 외국에 한 달 정도 나가 있을 때도 있으니까. 그런데 이렇게 되기까지는 축적의 시간이 필요하다. 내가 어디에 있든 일하는 시스템을 구축해야 하고, 무엇보다 사람들이 찾는 사람이 되어야 한다.

유튜브 채널 '요정재형'에 출연한 강지영 아나운서의 말이 기억에 남는다. 살아남기 위해서 모든 걸 했다는 말. 아나운서로는 애매한 포지션이라, "해볼래?" 하는 건 다 해봤다는 말.

나 역시 이 일을 하기로 마음먹고 나서는 새로운 경험과 지식을 쌓는 일을 정말 열심히 했다. 내 인생에 뭔가를 그렇게 열심히 해본 건 그때가 처음이었다. 밤낮을 가리지 않고 하루 종일 '어떻게 하면 더 제대로 할 수 있을까' 고민하며 보고 듣고 읽고 경험하는 모든 것에 감각을 곤두세웠다.

누군가는 말한다. AI 시대에 일을 오래 하는 건 자랑이 아니라고. 하지만 경험한 바로는 '나여야 하는 이유'에는 담금질이 필요하다. 시간과 에너지를 쏟아붓고 전투력을 끌어올려야 한다. AI가 그 과정을 단축시켜 주고, 더 효율적으로 할 수 있도록 돕지만 사람들이 나를 찾게 만드는 핵심 자산은 결국 나만이 구축할 수 있다.

축적의 시간이 나를 지켜줄 테니

좋아하는 일에는 해야 하는 일이 짝꿍처럼 따라온다. 내가 좋아하고 하고 싶은 일을 하기까지 그 주변에서 할 수 있는 일들을 하며 버티는 시간도 필요하다.

　나도 내 일을 시작할 때, 금융 이야기는 하고 싶지 않았다. 그런데 시장의 니즈, 고객이 나에게 듣고 싶어 하는 이야기, 내가 잘할 수 있는 이야기는 거기에 있었다. 자본 시장의 일은 어떻게 돌아가는지, 증권사 상품의 진짜 리스크는 무엇인지, 그들은 어떻게 돈을 벌고 어떤 사람이 거기에서 일하는지 등. 그 지점에서 시작해 내가 진짜 하고 싶은 이야기를 할 때까지 기다리고 버티는 시간이 있었다.

　일 이야기를 할 수 있게 되었어도 원하지 않는 이야기를 해야 했다. 나는 이력서, 면접, 연봉 협상 등 스킬보다는 보다 근본적인 이야기를 하고 싶었다. 일의 목적, 나의 일 자산, 나의 차별화 지점 같은 것들. 하지만 많은 사람이 스킬을 궁금해했다. 그래서 그 니즈를 열심히 반영했다.

　내가 하고 싶은 이야기를 하려면 시장과 타깃을 설득하는 과정이 선행되어야 했다. '시간이 걸릴 테니, 일단 해야 하는 걸 하자. 나는 할 수 있다. 해낼 것이다.' 스스로를 믿어주며 버티던 순간들. 의연하지는 못했다. 이게 맞는지 계속 의심했다.

아카데미 5관왕을 수상한 영화 〈아노라〉의 션 베이커 감독이 유튜브 채널 '최성운의 사고실험'에서 들려준 이야기가 이 관점에서 와닿았다. 그는 20년 동안 무명이었고 첫 작품 이후 다음 작품까지 무려 7년이 걸렸는데, 어떻게 그 시간을 버텼느냐는 질문에 이렇게 답했다.

"내 재능을 믿었어요. 오랫동안 스스로의 지지자가 되어야 했죠. 데뷔 흐 다음 작품을 찍기까지 7년의 시간 동안 영화나 방송과 관계된 일을 하며 영화 산업에서 떨어지지 않으려 했어요. 가장 끝의 끝의 변두리 일이더라도요. 웨딩 비디오를 편집해도 영화를 편집하는 것과 같은 프로그램을 쓰니까요."

그러니까 한 번에 딱 이루어지는 마법 같은 일은 좀처럼 없다.

어디서 갑자기 혜성같이 등장한 것 같아도, 하고 싶은 일을 위해 해야 하는 일을 하며 버틴 축적의 시간이 쌓여 어떤 시점에 수면 위로 드러난 것이다.

1. 내가 하고 싶은 일 혹은 이야기가 무엇인가?

2. 나는 무엇을 왜 해결하고 싶은가?

3. 그 의지는 어느 정도인가?

그래서 이런 질문들이 중요하다. 이에 대한 답이 내 안에 있어야 '끝의 끝의 변두리 일'을 하면서도 그 시간을 버틸 수 있다. 그러다 보면 결국 사람들은 진짜를 알아보기 마련이다.

내가 하는 일은 지루함과 고난의 연속이지만 남이 하는 일은 재밌어 보이고, 쉬워 보인다. 그런데 그냥 그렇게 되는 일은 하나도 없다. 노력과 열정은 때때로 우리를 배신하고, 오로지 운으로만 이루어지는 일도 없다. 좋아하고 재미있게 할 수 있는 일을 찾았다 하더라도 그 일을 진짜 즐기면서 하려면 기본기를 닦고, 견디고, 버티는 '피, 땀, 눈물'의 시간이 필요하다. 깊고 넓은 축적의 시간 없이 그냥 되는 일은 없다.

그런 일은 곧 대체된다.

다른 누군가에게든, AI에든.

미미한 시작과
한 걸음의 용기를 응원하며

시작은 누구나 미미합니다. 그래서 다시 한번 이 문장을 꺼내봅니다.

"누구나 혼자 서는 순간이 온다."

이 책을 쓰면서 일대일 세션이나 세미나에서 만난 분들을 많이 떠올렸습니다. 회사 말고 뚜렷한 대안이 없는 분들, 자신만의 강점과 전문성을 고민하며 회사 밖 내 일에 대해 막막하게 느끼는 분들이 많았어요. 저도 그랬습니다. 그 막막함을 압니다.

그런데 좋든 싫든, 원하든 원하지 않든 혼자 서는 순간은 오더라고요. 구조조정이든 번아웃이든, 어느 날 문득 찾아오는 '이게 내가 원하던 인생인가?' 하는 질문이든

지요. 피할 수 없는 흐름입니다.

그 순간이 갑자기 오면 무너지기 쉽습니다. 그러니 지금부터 스스로에게 질문을 던져보면 좋겠어요. 내가 잘해온 건 무엇인지, 하고 싶었는데 못한 건 무엇인지, 회사가 아니라 내가 진짜로 원하는 건 무엇인지.

AI 시대가 시작되었습니다. 정답이 없는 세상입니다. 과거의 경험에 갇혀 있을 이유가 있을까요?

지금 이 시대에 우리가 해야 할, 가장 어렵지만 가장 중요한 과제는 무엇일까요? 자신의 마음이 어디를 향하는지 들여다보고 그 마음을 따를 용기를 내는 것입니다.

독립한 지 10년이 지났지만 저도 여전히 전전긍긍하고 일희일비합니다. 완벽하게 준비된 적은 한 번도 없었어요. 늘 60~70% 상태에서 시작했고, 나머지는 부딪치면서 채웠습니다. 그래도 괜찮았어요.

시작은 누구나 미미합니다. 저도 그랬고요.

흔들려도 괜찮습니다. 잠시 멈춰 서도 괜찮아요. 다만 거기 그대로 멈춰 있지 말고, 지금까지 정답이라고 믿었던 것과 다른 길을 한번 걸어보면 좋겠습니다. 안 해본 것을 하고, 만난 적 없는 사람을 만나고, 해본 적 없는 질문을 던져보세요. 그게 '나만의 일'을 찾아가는 과정입니다.

이 책을 읽는 분들이 어떤 답을 써 내려갈지 궁금합니다. 언젠가 각자의 자리에서 자기 일을 해나가고 있다는 소식을 듣게 된다면 좋겠습니다.

애쓰고 참고 버티며 오늘을 살아내는 우리 모두를 응원합니다.

언젠가 날아오를 우리의 내일도요.

나만의 일 찾기 워크숍

회사 밖 내 일을 준비하고 싶은데, 나만의 제품이나 서비스를 어떻게 설계해야 할지 모르겠다면 딱 하나만 기억하면 된다. '내게 가장 쉽고 자신 있는 제품이나 서비스를 정한다.' 단, 최상의 퀄리티로 만들겠다는 마음가짐을 유지하는 게 중요하다. 뻔한 말일지 모르겠지만 이게 바로 내 일을 만들 때의 기본 마인드다.

이 과정에서 내려놓아야 하는 것이 있다면 두 말 할 것도 없이 '완벽주의'다. 완벽한 제품, 완벽한 준비로 시작한다는 마음을 내려놓자. 내가 아무리 완벽하게 준비해도 시장, 즉 고객이 반응하지 않을 수 있다. 고민할 시간에 뭐라도 하는 것, 당장 실행하는 것이 더 중요하다. 앞서 67쪽에서 프리토타이핑 개념을 설명할 때 말한 '될 놈the right it'을 찾는 시간을 늦추지 말고 지금 해야 한다.

지금까지 당신이 해온 경험은 1인 기업 제품의 좋은 재료가 된다. 이 경험을 얼마나 깊이 있게 만들고 실행하는가에 따라 당신의 다음이 달라질 수 있다.

나만의 일 찾기 워크숍은 점심시간이나 퇴근 후, 주말 오후 혹은 독립 직후 책상 앞에 앉아서 1시간이면 채울 수 있도록 구성했다. 회사를 다니면서 한다면 독립할 때 덜 막막할 것이고, 이미 회사를 나왔다면 제대로 된 첫 단추를 끼울 수 있게 도와줄 것이다.

워크숍을 시작하기 전에

한 번에 다 하지 않아도 좋다. 총 6개의 파트를 나눠서 해도 좋다. 완벽한 답을 찾으려 하지 말자. 일단 내 답을 마주하는 게 중요하다.

답을 할 때는 눈치 보지 말고 최대한 솔직하게 써보자. 어차피 정답은 없다. 내 답이 정답이다. 완벽할 필요도 없다. 완벽하려다 시작도 못 한다. 되는대로, 생각나는 대로 작성해 보자.

미시적 동기를 찾고 나의 일 자산을 통해 제품을 설계하는 과정은 어느 날 갑자기 이루어지는 게 아니다. 내 일에 이름을 붙이는 과정도, 내 타깃 고객을 찾는 일도, 이 모든 과정을 마치고도 여전한 불안을 마주하는 순간도 모두 거쳐야 한다. 어렵지만 괜찮다. 할 수 있다. 그동안 나를 찾는 질문을 충분히 받아보지 못했을 뿐이니까. 질문에 답을 쓰는 과정이 결코 쉽지 않고 시간이 걸리겠지만, 마치고 나면 몰랐던 나를 만날 수 있을 것이다.

Part 1. 나를 움직이게 만드는 건 뭘까?
– 미시적 동기 발견하기

내가 좋아하는 일, 나의 미시적 동기에서 비롯된 일은 누가 시키지 않아도 파고 또 파게 된다. 그러다 보면 새로운 걸 발견하게 되고, 그게 재미있으니 또 파고… 그렇게 차별화 포인트를 만들어낼 수 있다.

나는 MBA 강의실에서 분노를 느꼈다. '나만의 일과 삶에 대한 질문을 받아본 적이 없어. 학교에서 배운 건 표준화된 트랙을 가장 빨리 달리는 방법뿐이었어.' 이 생각이 나를 움직이게 만들었다. 당신을 움직이는 동기는 무엇일까? '이건 왜 없지? 왜 이렇게 하지?' 하는 생각에서부터 시작해 보자. 분노, 아쉬움, 답답함, 불편함 그 무엇이든 좋다.

다음 질문들에 답할 때는 최소 1~2시간 정도는 투자해 보라. 천천히, 솔직하게 대답하기를 바란다.

1단계. 내가 인식한 문제 찾기

질문 1   최근에 회사나 업계, 일하는 방식, 취미 등 어떤 것에서든 '이건 좀 아닌 것 같은데' '다르게 시도할 수는 없을까?' '뭔가 아쉬운데. 불편해' 하고 느낀 순간이 있는가? 아주 작은 것이라도 좋다.

_____

_____

질문 2   그때 어떤 감정을 느꼈는가? 분노, 안타까움, 아쉬움, 답답함 등 자유롭게 써보자.

_____

_____

질문 3   만약 내가 그 문제를 해결할 수 있다면 그 방법은 무엇인가?

_____

_____

질문 4　회사에서 혹은 회사 밖에서 누가 시키지도 않았는데 '재미있어서' '좋아서' 자발적으로 시간을 쏟아 몰입했던 일이 무엇인가? 사이드 프로젝트, 덕질 등 무엇이든 괜찮다.

_____

_____

질문 5　'월급 받은 만큼만 하자'는 생각에 반해 남보다 더 잘하고 싶었던 일, 나만의 관점이나 방식, 프로세스를 만들어 적용했던 일이 있다면?

_____

_____

질문 6　그 일을 할 때 나는 왜 열심히 했을까?

_____

_____

3단계. 나의 기여와 쓸모 확인하기

질문 7　가장 자주 들었던 감사나 칭찬의 말은 무엇이며, 그때 나는 어떤 '쓸모'를 제공했는가? 정리정돈이나 고민 상담 등 일과 상관없는 것이어도 좋다. 자기검열은 금물이다.

_____

_____

질문 8　아무 제약 조건이 없다면 하고 싶은 일은 무엇인가?

_____

_____

Part 2.   그동안 내가 쌓은 역량은 무엇일까?
– 나만의 일 자산 찾기

___

당연함은 자산이 된다. 내가 만난 고객 한 명은 스타트업에서 채용 지원 업무를 하고 있었는데, 내게 이런 말을 했다. "제 일은 그냥 회사에서 하는 일이라고 생각했어요. 그런데 내 경험에 '제품 렌즈'를 끼우고 살펴봤더니 당연하게 해온 이 일이 누군가에게 도움이 되더라고요."

나도 그랬다. 금융 상품 세미나를 하고, 방송에 나가서 이야기하는 게 전혀 특별하다고 생각하지 않았지만 '누군가에게 지식을 전달하고 그 사람이 변화하는 걸 보는 기쁨'이 회사 밖 내 일의 시작점이자 나도 모르게 쌓아온 나만의 일 자산이었다.

나의 일 경험과 자산 돌아보기

__질문 1__　나는 큰 힘을 들이지 않고도 해내는데 다른 사람은 어려워하거나 신기해한 일이 있다면 무엇인가?

_____

_____

__질문 2__　내 주도로 만들거나 개선한 것이 있다면?

_____

_____

__질문 3__　'나'여서 강점이 있는 일, 나만의 관점으로 문제를 해결한 경험이 있다면?

_____

_____

Part 3. 그동안 내가 쌓은 역량은 무엇일까?
- 내 일에 이름 붙이기

이제부터는 본격적으로 내 일을 찾고, 그 일에 이름을 붙여보자. 이 과정은 총 5단계로 진행될 것이다.

먼저 1단계에서는 파트 1, 2의 질문에 대한 답을 돌이켜보면서 나의 정체성을 정의해 본다. 2단계에서는 1단계의 답변에서 공통점, 즉 내가 일하는 패턴을 알아본다. 3단계는 나와 비슷한 일을 하는 사람을 찾는 과정이다. 4단계에서는 명사가 아닌 동사로 내 일을 설명하고, 5단계에서는 내 일에 걸맞은 이름을 붙여볼 것이다.

처음부터 완벽한 이름을 찾기는 힘들다. 일단 만들어보고 다듬어가면 된다. 중요한 건 일단 시작하는 것이다.

1단계. 내가 어떤 사람인지 파악하기

질문 1 내가 해온 일의 공통된 패턴은 무엇인가? 즐거웠던

일, 뿌듯했던 일, 잘한다는 말을 들었던 일을 쭉 나열했을 때

반복되는 키워드나 상황이 있는가?

_____

_____

질문 2 나는 주로 '어떤 상황'에서 일할 때 빛을 발하는가?

_____

_____

질문 3 나는 일을 통해 결국 '무엇'을 만들어내는가?

_____

_____

질문 4   내가 즐거웠던 순간들의 공통점은 무엇인가?

_____

_____

질문 5   나는 주로 '무엇'을 하는 사람인가?

_____

_____

질문 6   나는 '누구'를 위해 일할 때 의미 있다고 느끼는가?

_____

_____

질문 7   나는 일을 통해 궁극적으로 '무엇'을 만들거나 변화
시키고 싶은가?

_____

_____

3단계. 레퍼런스 찾기

질문 8　내가 하고 싶은 일과 유사한 일을 하는 사람 혹은 조직이 있는가? 그들은 스스로를 뭐라고 정의하는가?

_____

_____

질문 9　그들과 나의 공통점은 무엇인가? 차별점은 무엇인가?

_____

_____

질문 10　그들이 쓰는 단어 중 내 마음에 드는 것이 있는가? 혹은 전혀 다른 방식으로 표현하고 싶은가? 남의 이름을 그대로 가져오지 말고, 내가 어떤 지점에서 다른지 발견한다는 생각으로 써보자.

_____

_____

질문 11 이제 내 일을 문장으로 만들어보자. 이때 핵심은 '명사'가 아닌 '동사'로 말하는 것이다.

_____

_____

5단계. 내 일에 이름 붙이기

질문 12 내가 하는 일의 본질을 한 단어로 표현한다면? 기존의 단어를 빌려와도 좋고, 새로운 단어를 만들어도 좋다.

_____

_____

질문 13 이름을 만들었다면 아래 체크리스트로 점검해 보자. 모든 항목에 체크해야 하는 건 아니다. 이름은 계속 진화할 수 있다. 중요한 건 내 일을 나만의 언어로 정의하려는 시도 자체다.

☐ 이 이름을 누군가에게 설명할 때 우물쭈물하지 않고 자신 있게 말할 수 있는가?

☐ 이 이름이 내가 하는 일의 본질을 담고 있는가?

☐ 이 이름이 나를 특정 카테고리에 가두지 않고 확장 가능성을 열어주는가?

☐ 남들이 쉽게 이해하지 못하더라도 나는 이 이름이 마음에 드는가?

☐ 이 이름이 앞으로 내가 하고 싶은 일의 방향과 맞아떨어지는가?

Part 4.   나는 무엇을 팔 수 있을까?
– 첫 제품 상상하기

자, 일 자산을 돌아보고 정체성을 확립했다면 첫 제품을 구체적으로 상상해 보자. 파트 3과 파트 4는 순서를 바꾸어도 좋다. 나도 일단 시장에서 부딪치며 내 역량 중 제품이 될 수 있는 것을 테스트해 보고 일의 정체성을 확립했다. 그러니 순서에는 연연하지 말자.

많은 사람이 '제품'이라고 하면 앱이나 굿즈를 떠올린다. 아니다. 제품의 범위도 넓게 생각해 볼 수 있다. 내 경우에는 시간(MBA 세미나 1시간), 경험과 조언(일대일 세션), 지식(책), 이 모든 게 제품의 시작이었다.

제품 형태 상상하기

질문 1 파트 2에서 발견한 나의 자산을 다시 써보자.

_____

_____

질문 2 이 자산으로 만들 수 있는 건 무엇인가? 자유롭게

상상해 보자. (예시: 강의, 템플릿, 상담 등)

_____

_____

_____

질문 3 이 중에서 가장 빠르게 시작할 수 있는 건 무엇

인가?

_____

_____

찾은 제품을 이번 주 안에 세상에 던져볼 수 있을까? 완벽하지 않아도 좋다. 가장 작게, 가장 빠르게 하는 게 중요하다. 지인 3명에게 먼저 이야기하거나, SNS에 글을 하나 올리거나, 회사 동료에게 제안하거나, 주말에 작은 클래스를 열어볼 수 있다.

어떤 방식이든 일단 해보는 게 중요하다. 밑져야 본전이다. 시도와 실패는 빠를수록 좋고, 첫 실험의 목적은 '완벽한 성공'이 아니라 '빠른 배움'이어야 한다. 이를 가능하게 하는 건 지금 할 수 있는 것부터 일단 해보기, 즉 '실행'이다.

머리로 시뮬레이션을 수없이 돌려도 해보기 전에는 절대로 알 수 없다. 내가 잘하는지 못하는지도 해봐야 안다. 고민할 시간에 해야 한다.

지르고, 데드라인을 세우고, 수습은 나중에 하자. 어차피 인생은 계획대로 안 된다.

일주일 후, 보름 후, 한 달 후.

당신의 첫 실험이 어땠는지 궁금하다.

지러보자, 우리.

Part 5. 누구에게 팔아야 할까?
- 타깃 고객 찾기

내 제품을 결정했다면 누구에게 팔 것인지도 생각해야
한다. 사실 제품을 찾을 때부터 수요, 즉 고객을 고려하는
게 맞다. 하지만 지금부터는 막연히 상상만 했던 고객을
구체적으로 그려봐야 한다.

답이 바로 나오지 않아도 괜찮다. 나도 처음엔 그랬
다. 하지만 이 질문들을 마음 한 켠에 두고 일하다 보면
어느 순간 내가 공감하고 이해할 수 있는 나만의 타깃이
선명하게 보일 것이다.

질문 1 내가 가장 잘 이해할 수 있는 사람은 누구인가?

———————————————————————

———————————————————————

질문 2 그 사람의 특징을 가능한 한 구체적으로 묘사해 보자.

———————————————————————

———————————————————————

질문 3 그 사람은 지금 어떤 감정 상태이고, 무엇을 원하고 있을까? 내가 해결할 수 있는 부분을 중심으로 써보자.

———————————————————————

———————————————————————

질문 4 나는 어떤 사람을 만나고 싶고, 어떤 사람은 만나고 싶지 않은가?

———————————————————————

———————————————————————

부록

Part 6.   나는 왜 시도하기를 망설일까?
– 불안을 이해하고 대처하기

타깃 고객까지 그려 보았는데도 여전히 머뭇거리게 되고, '이래도 되나' 싶은 불안감이 있다면 다음 질문에 답하며 불안의 원인을 찾고, 해소할 방법을 생각해 보자. 언제나 당신 안에 있지만 미처 깨닫지 못한 답을 찾을 수 있을 것이다.

질문 1 돈 때문에 걱정이라면, 나에게 필요한 '미니멈'은 얼마인가?

_____

_____

질문 2 나는 정말로 돈이 없어서 시도하지 못하는 걸까? 나에게 진짜로 없는 건 무엇인가?

_____

_____

질문 3 시도하려는 일의 유효기간을 설정해 보자. 언제까지 해볼 수 있는가?

_____

_____

질문 4 내가 부러워하는 사람은 어떤 사람인가?

_____

_____

질문 5　내가 그 사람처럼 되려면 3번 질문에서 설정한 유효기간에 다다를 때까지 무엇을 해야 하는가?

_____

_____

질문 6　불안하고 초조한 마음을 다스리는 나만의 방법이 있는가? 있다면 무엇인가?

_____

_____

질문 7　지금 하는 일에서 작고 쉬운 나만의 성취 목표를 정의해 보자면 무엇인가?

_____

_____

김나이의 커리어 클리닉

회사 안도 밖도 불안한 마음, '나'라는 사람의 정체성에 대한 혼란, 삶의 주인이 되고 싶다는 생각…. 이 모든 고민은 나아갈 방향에 대한 확신이 없는 데서 시작된다.

이런 상황에 처하는 사람이 당신만은 아니다. 회사를 성실히 다니는 사람이라면, 자기 일에 열심인 사람이라면 언젠가 한 번은 내 일과 미래에 대한 고민과 마주하게 된다. 또한 직무도, 근무 환경도, 개인적 배경도 다르지만 그 고민의 결은 대개 비슷하다.

'김나이의 커리어 클리닉'은 실제로 나를 찾아오는 고객이 자주 하는 질문과 그에 대한 나의 답을 담았다. 하지만 내 답이 정답은 아니다. 스스로 길을 찾을 수 있도록 질문을 건네고, 함께 고민해 볼 뿐이다.

이 책이 나를 찾아온 직장인들과 같은 고민을 하는

당신에게 도움이 되기를 바란다. 적어도 혼자가 아니라는 위로와 한 발 내딛을 용기를 줄 수 있다면 좋겠다.

"회사 밖은 정글이라는데,
가능한 한 버텨야 하는 것 아닐까요?"

직장인 A의 고민

회사 밖은 정글이라는 말을 많이 들어요. 저도 그렇게 생각하고요. 그래서 가능한 한 회사를 다니면서 버틸 수 있을 때까지 버텨야 하지 않을까 싶어요. 하지만 이 안전한 울타리 안에 있는 매 순간 영혼이 고갈되는 느낌이에요. 박차고 나가자니 당장 생계가 두렵고요. 이 딜레마를 어떻게 해야 할까요?

나이's Advice

답변 드리기 전에 퀴즈를 하나 내볼게요. 동물원에 사는 코끼리와 아프리카 초원을 누비는 야생 코끼리 중, 누가 더 오래 살까요? 답과 이유를 한번 적어보시겠어요?

나의 답: _____

이유: _____

제가 이 질문을 드리면 대부분 '동물원 코끼리'라고 답하시더라고요. 상식적으로는 맹수와 온갖 위험이 도사리는 정글보다 안전한 울타리 안에서 정기적으로 먹이를 공급받는 동물원 코끼리가 더 오래 살 것 같으니까요.

하지만 통계를 보면 이 예측이 완전히 뒤집혀요. 연구 결과에 따르면 아프리카 야생 코끼리는 평균 56년을 삽니다. 동물원 코끼리는 어떨까요? 평균 17년. 수명이 3분의 1 수준이죠.

왜일까요? 수명 차이가 '안전의 유무'가 아닌 '자율성의 유무'에서 오기 때문입니다.

동물원의 코끼리는 울타리 안에서 안전하지만 움직일 수 있는 한계가 명확하죠. 정해진 먹이를 정해진 시간에 먹고요. 반면 야생 코끼리는 맹수의 공격이라는 리스크에 노출되어 있지만 가고 싶은 곳으로 언제든 갈 수 있고, 원하는 먹이를 택할 수도 있어요. 즉 삶 전체에 주도권을 가지고 있기에 더 오래 생존합니다.

이 코끼리 이야기는 '회사 밖은 정글이니 가능한 한 오래 버티는 게 현명하다'라는 우리의 믿음에 근본적인 질문을 던집니다.

회사 밖은 정글이 맞습니다. 저도 밖으로 나와보니 그 어떤 회사를 다닐 때보다 초반에는 훨씬 더 힘들더라고요. 그런데 힘들었던 이유가 '회사 밖이 위험해서'는 아니었어요. 어디로 가야 하는지, 무엇을 해야 하는지 처음부터 끝까지 제가 다 설계해야 한다는 것 때문이었어요. 자유를 갈망했음에도 그 자유를 스스로 결정해야 한다는 것이 힘들었습니다.

저는 회사 다닐 때 지금의 일을 할 거라고 생각해 본 적이 한 번도 없었어요. 회사 다니면서 준비한 게 아니라 이런저런 시행착오 끝에 여기까지 온 건데요. 초반 2년이 너무 '하드 랜딩'이었던 터라 누가 저처럼 하겠다고 하면 말립니다.

회사 다닐 때부터 내가 꾸준히 잘할 수 있는 일을 찾고, 브랜드를 구축하고, 네트워크를 쌓고, 시장 테스트를 해보고, 포지션을 단단히 다진 다음에 독립하면 그래도 좀 연착륙이 가능할 것 같아요. '그래도 좀'이라고 말한 이유는 아무리 회사 다닐 때 연습을 많이 하더라도 실전은 다르기 때문입니다. 당장 나를 먹여 살려야 하는 상황에 처하는 것과 안전한 울타리에서 실험하는 것은 다르거든요.

그러니 버틸 때까지 버티다 나와서 치킨집 하다 망하고, 그제서야 '내가 진짜로 원하는 게 뭐였지?' 하지 않으려면 더더욱 회사 다닐 때부터 실험해 보아야 합니다. 연습과 실전은 물론 다르지만, 그래도 연습을 많이 하면 실전에서 크게 당황하지는 않을 테니까요.

얼마 전, 전략 일을 15년 넘게 해온 분이 저를 찾아오셨습니다. 다양한 회사를 다니며 커리어를 쌓았고, 한때는 임원이 되는 게 목표였다고 하셨죠. 예전에는 보고가 잘 통과되면 기분이 좋았는데, 요즘은 그래도 기분이 별로 좋지 않다며 이렇게 덧붙이셨습니다. "담당 임원이 언제 마음을 바꿀지도 모르고, 이 일이 내 일이 아니라는 생각도 점점 커집니다."

저는 "보고를 잘해도 기분이 좋지 않아 다행이에요"라고 답했습니다. 내 기분이 좋아야 하는 순간은 일이 나의 주도로 원활히 잘 진행되고 있을 때입니다. 보고를 잘했다는 칭찬은 윗사람이 원하는 바를 잘 처리했다는 건데, 그 칭찬이 목표가 되는 건 장기적으로 커리어에 좋지 않습니다.

우리는 종종 '열심히 일했다'와 '오래 버텼다'를 혼동합니다. N년 차라고 하면 '나의 주도권과 자율성을 발휘하며 성장을 확보한 시간'인지 '다른 사람이 정한 규칙 속에서 시키는 일을 하면서 감정을 소모한 시간'인지 냉정하게 구분해야 합니다.

후자라면 결국 그 회사 시스템 안에서 덜 미움받고 덜 피해 보는 생존 기술을 배운 것일 텐데, 이런 수비 전략만으로는 회사 밖 생활이 정말 힘들어집니다.

그렇다면 회사는 대충 다니고, 회사 밖에서 내가 하고 싶은 일을 하는 게 옳을까요? 이 또한 아닙니다. 독립을 준비하려면 오히려 회사 생활을 더 흥미진진하게 해야 해요.

넷플릭스 시즌제 드라마를 생각해 보세요. 〈오징어 게임〉이 시즌 3까지 나오게 된 이유는 시즌 1이 재미있었기 때문입니다. 이 관점으로 보자면 회사는 나의 역량과 미래 제품을 안전하게 검증하고 잠재고객을 모으는 시즌 1입니다. 시즌 1이 흥행하면 시즌 2, 즉 1인 기업의 시작이 비교적 순조롭겠지요.

얼마 전 섭외 메일을 하나 받았습니다. 5쪽이 빽빽하

게 채워진 문서 파일이 첨부되어 있었어요. 한 기업의 담당자분이 제 책의 어떤 문장이 본인의 회사 구성원들에게 어떤 이유로 도움이 될 것 같은지 빼곡히 작성해 보내온 것이었습니다. 보통 강의 내용, 비용, 일정이 적힌 5~10줄 내외의 섭외 메일이 오는데 말이지요.

그 회사에서 강연해야겠다고 마음먹은 건 순전히 그분을 만나고 싶어서였습니다. 조직문화 담당자로서 행사 섭외라는 자신의 직무 안에서 '어떻게 하면 거절당하지 않고 상대방을 설득해 내 편으로 만들까?'라는 질문에 주도적으로 답했기에 그렇게 일할 수 있는 것 아닐까요? 바로 이런 태도와 쓸모가 곧 나만의 제품이 됩니다. 누군가에게는 한없이 사소하고 귀찮은 일, 복사해서 붙여 넣기를 하는 이메일이 굉장한 쓸모와 기여를 보여주는 일로 바뀌는 것이죠.

그러니 우리는 '가능한 한 버틸 때까지 버텨야 할까?'가 아니라 '어떻게 하면 회사를 가장 효율적으로 레버리지하면서 활용할 수 있을까?' 그리고 '나의 무엇으로 나를 찾게 만들 것인가?'라는 질문을 해야 합니다.

마케팅 일을 한다면 "그 카피 어떻게 쓴 거야?"라는

질문을 받을 만한 한 줄을 쓰겠다는 목표를 정할 수도 있고요. HR 일을 한다면, 핵심 인재의 채용과 평가 보상과 관련된 시스템을 설계하고 이를 다른 회사들에 컨설팅하는 일을 테스트해 볼 수도 있습니다.

여기서 핵심은 수동태가 아니라 능동태입니다. 누가 시키는 일을 하는 게 아니라 '나는 이런 일을 해보겠어'가 되어야 합니다. 주어가 내가 되는 거죠. 이렇게 한 일은 나에게 쌓입니다. "A 님이 한 일, 어떻게 한 거예요?"라는 질문에 대한 나의 답이 나만의 다름을 만들고, 언젠가 내 일의 씨앗이 되어 단단히 자리 잡게 될 겁니다.

내 일의 주도권을 확보하고, 아주 작은 것부터 나만의 다름을 실현해 보세요. 다른 사람들이 나를 찾게 해보세요. 회사에서 그럴 수 없다면 혹은 그렇게 해봐야 A 님만 손해라는 생각이 든다면 그때는 진지하게 고민해야 합니다. '여기에 있는 게 나를 위해 좋은 선택인가?' 동물원의 코끼리를 떠올려보면서요.

자, 어떤 선택을 하시겠어요?

"하고 싶은 건 많은데,
뭘로 돈을 벌 수 있을까요?"

직장인 B의 고민

언젠가는 나만의 일을 하고 싶은 13년 차 직장인입니다. 하고 싶은 게 너무 많은데 이 중 무엇으로 사업화를 하는 게 좋을지 고민이에요. 누가 시키는 일을 하는 게 싫어서 회사를 오래 다니긴 힘들 것 같아요. 하고 싶은 것, 잘하는 것도 많은 편이라 주변에서 팔방미인이라고, 사업하라고 해요. '내가 하면 잘하겠다' 싶은 일도 많아요. 저도 나가서 사업이나 한번 해볼까요?

나이's Advice

솔직히 말씀드려도 될까요? 마지막 문장, '사업이나 한번 해볼까'라는 말이 마음에 걸립니다. 사업'이나'라기에는, 사업 정말 어렵거든요. 쉽게 볼 일이 아닙니다.

　'회사 생활이 안 맞는다'가 곧 '사업이 맞는다'는 아니에요. 사업은 내가 하고 싶은 걸 하는 게 아니라 고객이 원하는 걸 제공하고 그 대가를 받는 것이거든요. 거절당하는 걸 견딜 수 있나요? 수입이 불규칙해도 괜찮나요? 혼자 결정하고 책임지는 게 편한가요, 아니면 불안한가요?

그럼에도 하고 싶은 게 많다는 건 정말 큰 자산이에요. 솔직히 저는 B 님 같은 분들이 부럽습니다.

관심사가 여러 개인 건 좋은데, 그게 취미로 남을지 일이 될지는 구분해 봐야 합니다. 일이 되려면 내가 좋아하는 것만으로는 부족해요. 누군가 돈을 내고 살 만한 가치가 있어야 합니다. 남의 지갑은 그렇게 쉽게 열리지 않아요. 지갑을 열게 만들 명확한 이유가 필요합니다.

이 질문들에 대한 답이 명확해질 때까지 일단 회사를 다니면서 관심 분야를 부업으로 작게 시작해서 시장 반응을 보면 어떨까요? 그렇게 하다 보면 '아, 이건 사람들이 돈을 내는구나' '이건 내가 하고 싶었던 거구나' 같은 걸 구분할 수 있어요. 그때 본격적으로 키워봐도 늦지 않습니다.

경험도 있고 관심사도 여러 개라면 '좁히는' 과정이 필요합니다. '저 사람 이것도 하고 저것도 하고 다 하네'

보다는 '이 분야는 이 사람한테 가야지'라는 인식이 유효
타를 높입니다. 내가 뭐 하는 사람인지 명확하지 않으면
사람들이 나를 떠올리기도, 추천하기도 어렵습니다.

게다가 여러 개를 동시에 제대로 키우기는 정말 어렵
습니다. 하나를 제대로 만드는 것도 시간과 집중력이 엄
청 필요하더라고요. 10년 동안 1인 기업을 하면서 느낀
건 체력도, 에너지도 유한하다는 사실입니다. 그래서 나
를 잘 분배해서 써야 해요.

그렇다면 관심사를 어떻게 좁힐까요?

첫째, 시장의 수요를 체크해 보세요. 내가 하고 싶은
것들 중에서 실제로 사람들이 돈을 내고 있는 분야는 무
엇인가요? 이미 시장이 있다는 건 수요가 증명된 거예요.
비슷한 일을 하는 사람이 있는지 살펴보세요. 그 사람은
돈을 벌고 있나요? 이유는 무엇인지 살펴보세요.

둘째, 교집합을 찾아보세요. 여러 가지 관심사의 공
통점이나 연결고리가 있나요? 하나의 카테고리로 묶을
수 있으면 좋습니다.

셋째, 가장 빠르게 돈이 되는 것부터 실험하세요. 내
가 할 수 있는 일 중 가능한 빠르게 수익화할 수 있는 일

먼저 시작해 보세요. 이상적인 일보다 현실적으로 가능한 일이 먼저입니다.

B 님, "언젠가는 나만의 일을 하고 싶다"라고 하셨는데, 그 '언젠가'는 구체적으로 언제인가요? 많은 분이 내 사업을 하고 싶다고 말하면서도 정확히 어떤 걸, 언제 하고 싶냐고 물으면 얼버무리곤 합니다. 막연한 '언젠가'는 평생 오지 않을 수도 있어요.

그러니 언제까지 이 상태를 유지할지 유효기간을 정해 보세요. '○○년 ○월까지 회사를 다니겠다'라고 정하고, 그 시간을 더 쪼개서 1년 후, 2년 후까지 달성해야 할 것들을 정해 보세요. 회사에서 연말마다 사업계획 세우시죠? 그 작업을 내 일에 한번 해보는 거예요. 그 순간부터 보이는 것이 달라집니다. 이 시간을 어떻게 하면 더 잘 쓸 수 있을까? 내 일을 하려면 그때까지 돈은 얼마나 모아야 할까? 그러면 오늘 회사에서 보내는 하루도 '그냥 버티는 시간'이 아니라 '준비하는 시간'이 됩니다.

지금 다니는 회사가 잘 굴러가고 있다면 시스템과 인프라가 잘 갖춰져 있다는 뜻입니다. 그렇다면 또 이렇게 생각해 보는 거예요. '이 시스템을 내 것으로 만들려면 어

떻게 해야 할까?'

회사를 나와 내 일을 하게 되면 하나부터 열까지 내가 챙겨야 합니다. 지금은 HR팀, 재무팀, 마케팅팀, 법무팀, 영업팀 등 다양한 팀들이 각자 역할을 하고 있지만, 사업을 시작하면 내가 그 모든 걸 해야 해요. 그러니 지금부터 회사의 각 팀들이 어떻게 일하는지를 관찰해 보세요.

더 중요한 건 돈이 벌리는 과정을 이해하려고 애쓰는 것입니다. 연구 부서의 일이 어떻게 제품화로 이어지는지, 영업직들은 현장에서 고객에게 무슨 말을 하며 제품을 판매하는지, 마케터들은 어떻게 신규 고객을 확보하는지. 사업을 시작할 때 이런 부분을 총체적으로 이해하려 노력하고 준비한 사람과 자신이 하려는 일 그 자체만 바라보았던 사람은 출발점이 다릅니다.

마지막으로, 시작하는 열정과 에너지만큼 중요한 것이 지속하는 힘이라는 말을 꼭 드리고 싶어요. 저는 〈흑백요리사〉의 심사위원으로 유명해진 안성재 셰프가 한 말을 좋아하는데요.

"열정은 없어도 돼요. 있다가도 없는 게 열정이라고 생각해요. 진정성이 없고 마음이 앞설 때 쓰기 쉬운 말이

열정이죠. 경력도 기술도 중요하지 않아요. 뭐가 됐든 진정성 있게 꾸준히 요리에 임하는 사람이 좋은 요리사라고 생각해요."

열정은 순간이에요. 오늘 있다가 내일 없어질 수도 있죠. 하지만 진정성과 꾸준함은 다릅니다. 그러니 '무엇으로 시작할까?'라는 질문을 이렇게 바꿔보면 어떨까요?

'내가 하고 싶은 일 중에 지속 가능한 일은 무엇일까?'

어쨌든 일단 시작해 보세요. 하나를 골라서 작게라도 시작하면 답이 보입니다. 완벽한 선택을 찾기보다는 일단 선택하고 그걸 제대로 만들어가는 게 더 중요합니다.

"제가 하는 일이
정말 돈이 될까요?"

직장인 C의 고민

어느덧 12년 차 직장인입니다. 경영전략 일을 하고 있어요. 우리 회사 제품들 중 어떤 제품이 수익성이 있는지, 원가 조정은 어떻게 해야 하는지, 글로벌 진출 전략은 어떻게 짜야 하는지 구성하고 보고하는 일을 합니다. 그런데 제가 마음도 너무 괴롭고 살도 뺄 겸 시작한 요가에 정말 푹 빠져서 '요가원을 하면 어떨까' 하는 생각이 들었는데요. 잘될까, 돈을 벌 수 있을까 싶어요. 어떻게 생각하시나요?

나이's Advice

진짜 요가원을 하면 어떨까 하신다면, 아주 냉정하게 지금 회사에서 하시는 경영전략 일을 나에게 적용해 볼 필요가 있어요. 상권 분석, 월세 분석, 인건비 분석, 기타 비용 분석 등 해야 할 게 정말 많습니다. 그래서 덜컥 요가

원을 차리기보다는 가볍게 테스트하는 기간을 가져보는 걸 추천드려요.

그런데 이 테스트에서 가장 중요한 건 '돈'이 아니라 '시간'이에요.

'이거 해서 얼마나 벌 수 있을까?' 회사 나와서 내 일 하겠다는 분들이 가장 먼저 궁리하는 게 바로 돈인 것 같아요. 물론 돈은 중요합니다. 돈이 벌려야 지속 가능하니까요. 그런데 저는 시작 단계에서는 '돈이 될까'가 아니라 '사람들이 내가 하는 일에 시간을 쓸까'를 먼저 물어보는 게 좋다고 생각해요.

요즘 세상에 가장 희소한 자원은 돈이 아니라 시간이에요. 무료로 할 수 있는 일, 돈을 아주 조금만 내도 누릴 수 있는 높은 퀄리티의 경험이 너무 많잖아요. 유튜브만 봐도 시간이 잘 가고, 도서관은 공짜고요. 천지에 없는 게 없는 세상이에요. 이 와중에 사람들이 내 제품에 시간을 쓸 이유가 없다면? 돈은 당연히 안 벌리겠죠.

요가원을 예로 들어볼게요. 회사나 집 주변을 생각해 보세요. 요가, 필라테스 하는 곳은 이미 넘쳐나지 않나요? 이럴 때는 어떻게 해야 할까요?

일단 회사에서 동호회를 만들어보세요. 집 주변 아파트 게시판에 재능 기부 형식으로 클래스를 연다고 전단지를 붙여봐도 좋아요. 나와 비슷한 또래의 싱글 여성을 타깃으로 해도 좋고, 스트레스 때문에 갑자기 살이 쪄서 고민인 직장인을 타깃으로 해도 좋고요. 내가 가장 잘 아는 타깃에서 시작해 '무료로 몇 번 해봤는데 너무 잘된다'거나 '이 일이 나랑 정말 잘 맞는다'라는 자신감이 붙으면 그때 가서 가격을 정해도 늦지 않아요.

그러니까 순서를 이렇게 잡아야 해요.

1. 내 '앙꼬'는 뭘까? 나는 뭘 줄 수 있는가? (제품의 본질)
2. 어떻게 해야 사람들이 나에게 '시간'을 쓸까? (타깃의 절실함)

이 2가지 질문에 대한 답이 단단해지면 돈은 결국 따라옵니다.

"자격증이나 학위가 있어야
   전문가로 인정받지 않을까요?"

산업 현장 실무와 이론을 짚어낼 수 있는 사람이 돼서 회사에서 독립했을 때 누군가를 가르치는 일을 하면 좋겠다고 생각합니다. 그런데 회사에서는 좌충우돌하면서 업무를 배웠거든요. 아무래도 학위나 전문 자격증을 따야 하지 않을까요? 그래야 시장에서 더 높게 평가받을 수 있지 않나요?

그동안 정말 많이 들었던 질문 중 하나예요. 언젠가 독립할 날을 위해 자격증을 따야 할까? 대학원에 가서 공부를 더 해야 할까? 답을 드리기 전에 제 이야기를 먼저 해드릴게요.

저는 커리어 액셀러레이터로 일을 시작할 때 "가방끈을 늘려야 한다"라는 이야기를 여기저기서 많이 들었습니다. 이 나라에서는 어떻게든 학위를 따면 전문가로 인정받을 수 있다는 말이었어요.

어떻게 생각하시나요? 그 시절의 저는 정말 그런가 싶었어요. 다행히 의심 많은 저를 테스트해 볼 기회가 생겼습니다. 한 대학의 교수님들과 저녁을 먹는 자리에 가게 됐어요. 저는 그 저녁 자리 이후, 학교에서의 공부가 아니라 제 나름대로의 공부를 하기로 마음먹었습니다. 남들에게 인정받겠다고 정해진 길을 걷기보다는 제 방식대로 가보기로 했어요.

무척 사소한 이유였어요. 그 자리에 오신 교수님들은 대부분 50대 초중반이셨는데, 자기 수저 놓는 분이 아무도 없더라고요. 물론 교수님들이 다 그렇지는 않겠죠. 하지만 그날은 그랬습니다. '응당 누군가가 해주겠거니' 하는 '갑'의 분위기가 느껴졌달까요. 아니, 내가 왜 여기까지 와서 이 사람들 수저를 놓고 있어야 하나? '발작 버튼'이 눌렸어요.

저는 공부를 더 하든 자격증을 따든 내가 하는 일에 도움이 된다면 대찬성입니다. 자격증을 따는 게 유일한 목적이라면 권하고 싶지는 않지만, 그 공부를 하다 보면 내 머릿속이 정리되는 효과가 분명 있으니까요. 그런데 그게 있어야만 뭔가 될 것 같아서 일단 따고 봐야 한다고 생각하신다면 큰 도움은 안 될 거라고 말씀드리고 싶어요.

자격증이나 학위를 따더라도 내 일을 위한 실전 노하우는 처음부터 쌓아가야 합니다. 빠르게 변화하는 세상에서 가장 좋은 공부는 현장에 있지, 학교에 있지 않아요. 그리고 이제 웬만한 지식은 AI를 동료로 삼아서 학습하시면 됩니다.

회사에서 독립해 내 일을 하는 동안에도 계속 치열하게 공부해야 하는 건 맞습니다. 하지만 누군가에게 보여주기 위해 내 시간과 돈을 쓸 필요는 없다고 생각해요. 이제 더 이상 그런 시대가 아니니까요.

내가 하려는 일의 핵심에 가장 중요한 것이 무엇인가. 이것을 먼저 생각해야 합니다. 예를 들어 제가 하는 커리어 관련 비즈니스는 누가 말하는가, 그는 어떤 사람인가, 어떤 경험을 해봤는가 등 '신뢰'가 핵심입니다. 그래서 저는 '나는 무엇을 통해 신뢰를 획득할 수 있을까? 자격이 있다고 인정받을 수 있을까?'를 생각해야 했어요.

박사 논문이 '무엇인가를 깊게 리서치하고 연구하며 학문적 성과를 높이는 일'이라 정의한다면, 실험과 임상을 많이 해야 그 근거로 좋은 논문을 쓸 수 있겠죠. 그래서 저는 최대한 많은 케이스를 다룬 책을 쓰면 어떨까 생각했습니다.

그래서 그렇게 했어요. 이 일의 초반에 일대일 세션을 정말 미친 듯이 많이 했습니다. 거기에서 다양한 사람들의 직무 이야기, 회사 이야기를 듣고 내 경험과 지식의 수준을 더 깊고 넓게 만들었어요. 그 내용을 기반으로 책을 썼고요. '나는 이렇게 나를 증명하겠어'라는 생각으로요.

D 님이 지금 하고 있는 일 혹은 하고자 하는 일이 일정 수준의 자격을 요구하나요? 인정받고 싶은가요?

그 자격과 인정을 내 방식, 내 관점으로 만들어내는 걸 생각해 보시면 어떨까요? 세상 사람들이 "이렇게 하면 된다"라고 말하는 것 말고요. 어차피 정답은 없잖아요. 내가 나 스스로를 인정하는 게 제일 중요하니, 일단 어떻게 나만의 일을 만들어가며 내 일의 쓸모를 증명할지 생각해 보세요. '내가 하고 싶은 방식'이 무엇인지요.

이전의 가치들이 빠르게 무너지는 시대입니다. 지금의 변화는 오히려 기회가 되지 않을까요?

누구나 혼자 서는 순간이 온다
회사 인간에서 1인 기업으로

2026년 4월 9일 초판 1쇄 발행
2026년 5월 11일 초판 2쇄 발행

지은이 김나이

펴낸이 김은경
편집 권정희, 남궁은
교정교열 김현아
마케팅 강기택, 김채린, 김수연
디자인 김지호, 오은채
경영지원 이연정
펴낸곳 ㈜북스톤
주소 서울시 성동구 왕십리로6길 4-5 2층
대표전화 02-6463-7000
팩스 02-6499-1706
이메일 info@book-stone.co.kr
출판등록 2015년 1월 2일 제 2018-000078호

ISBN 979-11-7523-040-8 (03320)

북스톤은 세상에 오래 남는 책을 만들고자 합니다. 이에 동참을 원하는
독자 여러분의 아이디어와 원고를 기다리고 있습니다. 책으로 엮기를 원
하는 기획이나 원고가 있으신 분은 연락처와 함께 이메일 info@book-
stone.co.kr로 보내주세요. 돌에 새기듯, 오래 남는 지혜를 전하는 데 힘
쓰겠습니다.